경남대표시인선
36

바다에 쓰는 시

차영한 제13시집

돌**출판 경남**

시인의 말

어떤 모호한 빛의 굴절

    나의 열세 번째 시집 속의 시들은 바다의 궁금증을 오히려 바다에 던져 채낚시 해본 빗금 진 물방울들이다. 단순한 얼룩들의 응어리가 아니다. 어쩌면 날씨와 전혀 관계없이 굴절된 모호한 빛깔들이다. 직조해 보면 얼룩들의 그래프와 만난다. 벌써 25년 전에 우발한 것들이 군청색의 개구석에 개소리로 떠돌면서 허망하게 코고는 군말을 하고 있다. 그러한 갯녹음에 남은 것들이 양면성을 갖는 역설逆說들의 이미지로 군림하고 있다.
    어쩌면 리비도의 필연성에 치환과 환유적인 상처들 그리고 몽상적인 표리들을 뒤섞어 햇빛 쪽에 펴놓아본 것들이다. 유연성의 자유를 더 해방시키기 위해 두꺼워지는 햇살에 내 골계滑稽들의 몰골을 난전에 펴 본 것이다. 나의 오만함과 편견들이 극렬하게 반항함에도 일부러 촉매작용의 계기를 마련해 보았다. 이런 경우일수록 바닷물의 깊이가 위장해있는 집단무의식의 또 다른 행동거지들이 겹쳐진다. 말하자면 가상세계의 허구적인 오인들이 합리화 하는데 거추장스런 징검다리를 놓은들 물론 흡족해지지는 않음도 잘 안다.
    오로지 감금된 채 캄캄한 열등감들의 껍질을 치열하게 벗겨내는 어떤 비바람에 부탁해도 늦다. 바로 그러한 생각들이 현실에서 만나는 실재계가 갖는 환상phantasy 앞에서 더욱 경악함을 금치 못한다. 거대한 자연의 거울에 반영되는 절실한 우연일치도 이젠 기대하기 어렵다. 그러나 사는 이치의 본질을 밝히는 더 선명한 밤하늘의 별이 있다. 이에 따른 나의 기다림의 속질이 어떤 무늬인지 드릴로, 때론 은빛톱날의 충격요법으로 꿰뚫어 보는 성찰은 더욱 가혹하다. 너무 두꺼운 위선 때문에 올곧은 직관력으로 움직이지 못한 그러한 것들, 무엇인지 애절한 만큼이나 감추지 않고 그 콤콤한 것들을 화끈하게 확 뒤집혀 보고 싶었다. 멸시되고, 폄훼되고 하찮은 나의 인과설정오류因果設定誤謬를 바로잡을 수는 없을까. 아직도 깐깐하게 살아있는 인의仁義와 신의信義들이 공감대에 앞장서면 안 될까. 새롭게 채근한 햇살뿌리들끼리 당당히 만날 수 있는 이 땅, 흙의 본심은 추호도 변함이 없는데 나는 어떤 모호한 빛의 굴절에 힘줄은 여리고 골격은 무른다는 한심함이 없지 않다. 위장한 군말들이 얼룩들의 그래프를 계속 그려서는 안 될 것이다.

2019년 10월 30일
경상남도 통영시 미륵산 아래 봉수1길 9 '한빛문학관'에서
차 영 한

차례

■ 시인의 말 2

제1부

득실거리는 간신 — 바다에 쓰는 시·1   10

청엄하고 준직한들 — 바다에 쓰는 시·2   11

사념으로 속인다면 — 바다에 쓰는 시·3   12

백직한 선비 어디 있느냐 — 바다에 쓰는 시·4   13

살피는 백성의 눈 무섭지 않느냐 — 바다에 쓰는 시·5   14

욕됨을 공동시켜 — 바다에 쓰는 시·6   15

한숨을 배 띄워 보낸들 — 바다에 쓰는 시·7   16

보이는 것만 좇는 간심 — 바다에 쓰는 시·8   17

의분에 감발한 행걸 — 바다에 쓰는 시·9   18

청덕 두고 사술하는 놈 — 바다에 쓰는 시·10   19

이러한 것도 저러하거늘 — 바다에 쓰는 시·11   20

모호한 그대 목덜미 — 바다에 쓰는 시·12   21

또 뒷전에 나가눕는 저놈은 — 바다에 쓰는 시·13   22

제2부

안개다리 건너는 속임수에   24
— 바다에 쓰는 시 · 14

어찌 계책뿐이던가   25
— 바다에 쓰는 시 · 15

왜 맞장구치나   26
— 바다에 쓰는 시 · 16

탄식마저 수탈하는   28
— 바다에 쓰는 시 · 17

눈부신 자네 눈금은   29
— 바다에 쓰는 시 · 18

지금도 꺾이는 수숫대들이여   30
— 바다에 쓰는 시 · 19

소낙비 받아 수틀에 칼날 가는 웃음소리 듣느냐   32
— 바다에 쓰는 시 · 20

눈물 흘리는 까마귀   34
— 바다에 쓰는 시 · 21

덮씌우기 품바타령   36
— 바다에 쓰는 시 · 22

서포西浦 물망勿忘 다시 쓰다   38
— 바다에 쓰는 시 · 23

앵강만은 두루마리 상소문을
거듭 읽어 내리나니   42
— 바다에 쓰는 시 · 24

노도 다스리는 노도여   44
— 바다에 쓰는 시 · 25

『사씨남정기謝氏南征記』 남긴 땅 지금은   46
— 바다에 쓰는 시 · 26

제3부

반 흘림체가 쓰는 적소   50
— 바다에 쓰는 시 · 27

시 쓰다 창문 여는 적소에서   52
— 바다에 쓰는 시 · 28

수군대는 마파람소리   54
— 바다에 쓰는 시 · 29

무위無爲   55
— 바다에 쓰는 시 · 30

신설원록新雪冤錄   57
— 바다에 쓰는 시 · 31

땅을 친 무죄 통보   60
— 바다에 쓰는 시 · 32

뼈마디 떳떳이 갈아 끼우고   62
— 바다에 쓰는 시 · 33

딴 전에 펴놓은 능모리꾼   64
— 바다에 쓰는 시 · 34

털게가 보내는 SNS   66
— 바다에 쓰는 시 · 35

거짓말도 소금에 버물려놓고   68
— 바다에 쓰는 시 · 36

껑뚱대는 꼼바리한테 들켰다   69
— 바다에 쓰는 시 · 37

숨기는 자의 보이는 얼굴   71
— 바다에 쓰는 시 · 38

숭례문이여   73
— 바다에 쓰는 시 · 39

독도는 분명히 대한민국 땅이다   75
— 바다에 쓰는 시 · 40

제4부

해우소에 앉아 있어도   78
— 바다에 쓰는 시 · 41

아는 체하는 놈 알고 보니   79
— 바다에 쓰는 시 · 42

사돈 찾고 친구 찾는 까닭   81
— 바다에 쓰는 시 · 43

하리쟁이   82
— 바다에 쓰는 시 · 44

편두통에는   84
— 바다에 쓰는 시 · 45

소쿠리야   86
— 바다에 쓰는 시 · 46

네거티브 벗바리들   88
— 바다에 쓰는 시 · 47

꼬리지느러미들이여   89
— 바다에 쓰는 시 · 48

헛간에 숨는 그림자들   93
— 바다에 쓰는 시 · 49

자네 만년필 이야기 아니야   94
— 바다에 쓰는 시 · 50

내 콧대에 앉은 변명   96
— 바다에 쓰는 시 · 51

독도여, 우리네 깃발 초요기招搖旗여   98
— 바다에 쓰는 시 · 52

사인검四寅劍 칼날 그리워   102
— 바다에 쓰는 시 · 53

제5부

딸꾹질 소리만 들려   106
— 바다에 쓰는 시 · 54

허허허   108
— 바다에 쓰는 시 · 55

강생이도 아는데   110
— 바다에 쓰는 시 · 56

초소가 있는 그 섬을 지날 때   112
— 바다에 쓰는 시 · 57

사발통문沙鉢通文   113
— 바다에 쓰는 시 · 58

관념들만 갉아먹는 까막눈   115
— 바다에 쓰는 시 · 59

개장국 집 아이   117
— 바다에 쓰는 시 · 60

다발성 간경화증   118
— 바다에 쓰는 시 · 61

참나무가 타는 연기눈물   120
— 바다에 쓰는 시 · 62

떠도는 물방울마루도   122
— 바다에 쓰는 시 · 63

해골세설   124
— 바다에 쓰는 시 · 64

부처님 말씀   126
— 바다에 쓰는 시 · 65

제1부

득실거리는 간신
― 바다에 쓰는 시 · 1

토옥土屋에서 은은誾誾*한 것도 죄罪되었던가
여조인麗朝人보다 서얼庶孽 적면靦面*으로
무함誣陷 사술邪術한 자는 도대체 누구더냐
탐관에 눈이 어두워 외가外家 절문節門시켜
피미披靡* 원인冤人*된 운암雲巖* 선대처럼
내 식초 다섯 말을 먹더라도 아직
미쳐 버리지 못한 상한傷恨 두고
이미 빼앗긴 공功을 또
삭탈한들 세상이 바뀌겠는가

득실거리는 간신奸臣들 청탁에 옳고 그름을
누가 진언한단 말이요 어둠의 능선에서
여우 무리가 몸을 감추고 음모하나니
바른 길 앞에서는 눈 먼 자가 많음을
이제야 되레 누굴 잡고 꾸짖겠느냐

＊誾誾 : 서로 온전하게 시비를 가리려는 뜻.
＊靦面 : 무안한 얼굴.
＊披靡 : 초목이 바람에 흩날리는 모양.
＊冤人 : 억울한 사람.
＊雲巖 : 文節公車原頰 선대의 호號임.

청엄하고 준직한들
— 바다에 쓰는 시 · 2

옛적 새들은 굽은 나무만 보아도 놀라지만
지금 새들은 굽은 나무에 앉아 타령하거늘
청엄淸嚴하고 준직峻直한들 누가
실상實相을 캐고 입을 뻥긋하겠는가.
무씨와 겨자씨는 보여도
가려낼 자 어디 있는가 보아라!
보이는가? 관모官帽 거꾸로 쓰고
경연經筵에 입시入侍하는 황보인皇甫仁
정승의 역달歷達* 지금도 태연하게
걸어오고 있지 않는가. 바로
반자도동返者道動*이로구나.

* 歷達 : 일일이 파내어 빙자함.
* 返者道動 : 되돌아오는 것이 도의 움직임.

사념으로 속인다면
— 바다에 쓰는 시 · 3

지나고 나면 옳은 뜻은 빛나는 법
지족지지知足知止* 함에도
골몰하는 지나침이
사념邪念으로 속인다면
한숨짓는 뜰에 뿌리로 엉키는 인종忍從
어찌 무성한 풀뿐이겠소
비록 피눈물이 붉은 흙이 되더라도
손톱 밑에 천하고 비굴한 짓
곡학아세曲學阿世*하여 숨겨 일삼는 투기
괘발에 덕석 펴다니! 차라리
세상 기름덩이를 삭히는
파와 무를 삶아 먹으리라

*知足知止 : 만족할 줄과 그칠 줄 알아야 한다는 뜻.
*曲學阿世 : 학문을 왜곡하여 세상에 아첨하다.

백직한 선비 어디 있느냐
— 바다에 쓰는 시 · 4

불안한 불신시대

의심하는 죄

불타는 안개

예나 지금이나

다를 바야 있겠느냐 그렇다고

기회나 음탐하고 기질忌嫉*하여

함부로 나서며 화심禍心과

간흉奸匈한 험부險夫*가 되다니

중국 한漢나라에 살던 서세적徐世勣의

어육魚肉적 망언妄言 지금도 빗발치듯

꾸짖을 포은圃隱 충신 같은

백직白直*한 선비는 어디 있느냐!

똑똑히 보아라 남우충수濫竽充數*들이

떵떵거리고 얼마나 잘 살고 있는가!

*忌嫉 : 미워하고 질투함.
*險夫 : 음흉한 사내를 일컬음.
*白直 : 결백하고 정직함.
*濫竽充數 : 남아도는 악사로 부족한 숫자를 채우는 것.

살피는 백성의 눈 무섭지 않느냐
— 바다에 쓰는 시 · 5

사리事理도 뒤엉키고 끊어진 채
부끄러움만 밝힌들
어진이가 대꾸하겠는가
기각忌刻*하여 곧은 것도 휘어지고
밟히는 세월도 썩어 나자빠지나니
거슬러 고쳐 만들고
절에 가서 젓갈 찾은들 도대체
무엇을 찾았는고? 날마다
술독에 근심을 담근 채
분앙憤怏*을 체로 걸러 내어도
고삐 잃은 상심傷心 깨어진 바가지에
말라붙은 낯달웃음 아니든가
아! 지금도 살피는 무서운 백성의 눈
시퍼렇게 두 눈 뜨게 해놓고
말하지 않는 입에 듣지 않은 귀마저
감언이설하여 휘둘러 마신 헛웃음
그것도 해량으로 덮어야 시원 하는가

*忌刻 : 남의 재능을 시기猜忌하여 각박刻薄하게 굶.
*憤怏 : 분노하면서 원망함.

욕됨을 공동시켜
— 바다에 쓰는 시 · 6

기세忌歲*한 오늘따라
어리석음에도 간절한 것이 있다면
초겨울도 아닌 찬바람에
때는 어디서 오는가!

어찌 사람들은 흩어지고
구름들만 모여드는고!
부합符合되지 않는 것을
의뭉하게 위선하여
음험하게 다스리는 시비是非
오히려 사설邪說로 욕됨을
공동恐動시켜 따르게 하면서
그것도 신의信義라는 기둥 세운다고
세세世勢가 기울어지지 않던가

＊忌歲 : 일을 하는데 삼가고 조심하여야 할 해.

한숨을 배 띄워 보낸들
— 바다에 쓰는 시 · 7

눈을 뽑았지만
하늘 높은 것이 보이고
귀를 막아도 발끝은 세상을 먼저 아는데
성난 범(虎)에 뿔 난 모습이여
시절 따라 오는 두견이를 어찌
모르겠소. 이미 때늦은 적벽강赤壁江에
제갈량諸葛亮의 연환계連環計 피리소리
기다린들 먼저 전하겠는가!
삼대같이 쓰러진 주검
핏발 선 공포
어둠도 길게 뻗어 건너지 못한
한숨을 배 띄워 보낸들 다시
읽을 슬픈 부고일 뿐
낮추고 틈을 탄 질문이라도
유생어무有生於無* 해답은 어디 있는가?

* 有生於無 : 있음은 없음에서 생긴다.

보이는 것만 좇는 간심
— 바다에 쓰는 시 · 8

번거로움 끝에

빗방울 떨어지듯

세탁하여 눈 맞춘 빙자

옮겨서 편한 자리 그대 찾으면

간경하사干卿何事*하더니

어디로 피신하는고!

거적자리 둘러쓰고 내린 서리를

눈(雪)이라 엄첩 부리는,

보이는 것만 좇는

저 더러운 간심奸深 몰골

가까이 다가서면

사라지는 부스러기 꼴

그래도 절절竊竊*로

청의淸議라 내세우는가!

*干卿何事 : 남의 일에 웬 참견이냐의 뜻.
*竊竊 : 아는 체하는 모양.

의분에 감발한 행걸
— 바다에 쓰는 시 · 9

한 번 죽음으로써
절의節義를 남길
내 몸 먼저 버리지 못하고
죽어서도 괴로워 할
가슴을 칠 여감餘憾이여
의분義憤에 감발한 행걸行乞
지덕智德으로 다스리는 명맥
스스로 몸을 낮춘들 저 놈의
간담을 꺼낼 수 있겠는가
서성이는 반목反目 한 자락에
한그루 선인장 꽃으로나 보고
끌돌이 웃음도 마다한들
그대로 할 수 없는, 차라리
망개골 개망초는 어떠리

청덕 두고 사술하는 놈
— 바다에 쓰는 시 · 10

어디에 던져지고 숨겨서도
옥玉은 의로운 이에게
제 빛으로 보이나니
더터 올라가면 다 한 몸에서
가지줄기 눈엽嫩葉이나니
불 탄 자리인들 발군拔群*하면
어찌 찾지 못하겠는가!

움직이는 뜻
마음에서 일어서도
하늘이 감동하는 청덕淸德을
감히 숨길 수 있으랴
앵무새나 잔나비처럼 또
말을 꾸미며 일을 꾀하고
사사로움 앞에 끼이기를 도모하는
저어 사술邪術하는 놈
검게 타는 혀 놀림 똑똑히 보이는가?

*拔群 : 여럿 가운데 특별히 뛰어남.

이러한 것도 저러하거늘
― 바다에 쓰는 시 · 11

근심 안에 불을 밝혀도
어둡다는 불평불만
착절錯節* 헤아려 시비한들
둘러대고 이간질하는 아첨
웃음에 감춘 칼날
보이지 않는 혓바닥 털인들 능히
끊어내지 않으랴 아!
이러한 것도 저러하거늘 하물며
삼족三族을 멸滅한 역세歷世에
살아남은 세손世孫들 과연 어디
있을까 있다면 그대 절개와 정직은
지금 어디에 팽개쳤단 말이요!

*錯節 : 서로 얽힌 나무 마디. 즉 곤란한 사건을 의미함.

모호한 그대 목덜미
— 바다에 쓰는 시·12

수모를 모아 불 태워도
남는 것은 거두지 못함이여
분함을 미워한들
등잔에 던진 책상을 치던
고려高麗 충신 길재吉再처럼
내 탓을 누가 근심하리오 이미
케케묵은 체통은 버렸나니
누가 또 경계하겠는가 그래도
똑바로 세울 것은 세워야 하는
마땅함에도 물 아래로
제수하는 올바름을 비론非論하여
사함私陷으로 허날虛捏*하는 모매冒昧*
물러서는 거리낌 누가 챙겨서
직언直言 직설直說하리요
저기 보시오, 보시오!
홍포 벗어던지고 수염 자른 채
황망히 도주하는 조조曹操처럼
애매모호한 그대 목덜미
도대체 어디에 두고 도망치는가!

*虛捏 : 근거 없는 날조.
*冒昧 : 억지로 그릇되게 하는 것.

또 뒷전에 나가눕는 저놈은
— 바다에 쓰는 시 · 13

선인先人들의 지혜를 짓밟고
가책呵責도 침 바르지 않고
남의 긴 한숨마저 휘어잡는
또 뒷전에 나가 눕는 저 놈의
코웃음 치는 것 봐라 그것뿐인가!
시퍼런 세상에 때 아닌 때를 틈타서
흔드는 체머리 고갯짓 양심까지
꿀꺽 삼키나니 탈났다!
춤추는 간자間者* 알면서 그것도
조심인가? 지켜온 의리義理 두 눈 뜨고도
중과부적衆寡不敵 결국 무릎 꺾인 채
이합집산으로 질질 끌려 다니는… 아!
이 나라의 꼿꼿한 선비정신들아!
적장도 탄복한 옛 순절殉節 어디로
도망쳤느냐? 서로 안색 바꿔 쳐다만 보는가

*間者 : 첩자를 일컬음.

제2부

안개다리 건너는 속임수에
— 바다에 쓰는 시 · 14

터진 살점 몇 바늘 꿰매듯
우둥불에 축축한 응어리 걸쳐놓고
유혹의 안개다리 건너는 속임수에
기가 찬 탄식마저 눈 감기고 헛디딘
수모受侮로 뒹굴다가 다시 이를 악물고
바른 길 끝까지 달려온 우리네
말발굽소리 욱신욱신 아리고 통절해도
어찌 요사한 무리들에게 그대로
눈 속여 내어주고도 몽땅 빼앗기는가

고절孤節도 칼날 녹슬게 했거늘
굴욕을 참아온 원통함을
의기義氣로 내리치던 용맹
그 비보裨補*는 어디 있단 말이요
지난날을 다시 캐물어봐도
지금은 칼집 없는 칼 되어 제살
베어 먹는 무서운 도살장 울음소리
변즉통구變則通久*만이 사는 길도 몰라?

*裨補 : 살기殺氣를 생기生氣로 바꿈.
*變則通久 : 변해야 통하고 오래가다.

어찌 계책뿐이던가
— 바다에 쓰는 시 · 15

흐르는 구름 강물 속에서 보아도
옛 그대로인데 지금에 와서는
도마놓고 먼저 칼 잡은 비열한 눈 흘김
간이間異한 빈 술잔이라도 넘보는
입맛입술 먼저 적시고 빨아대는구나

하면 저어 젓가락인들 그냥 있겠는가!
찍어 맛보는 체 얌체 손목때기에
얼굴 없는 터럭손으로 거머먹는
해걸 병에 불붙는 쟁반마저 당기는 꼴
원래는 네놈은 남의 얼굴에
술酒 뿌리면서 침 뱉던 놈 아니냐!
허욕에 모함하는 본성에다
권세 앞에 매관매직 굽실거려
세勢 불리기 추종 일삼아
자기끼리만 알고 몸 도사리나니
일문一門을 주멸誅滅쯤이야
식은 밥 먹듯 어찌 계책뿐이랴

왜 맞장구치나
― 바다에 쓰는 시 · 16

항상 겸양謙讓하는 직언
벼슬보다 높나니
이기理氣로 다스리는 소신
힘으로 반듯하게 쌓아
다수 민중들이 옳다고 박수치는 당당한
용맹 돌진하여 물러서지 않는 불퇴
최후의 일각까지 열렬한 기개발휘
나 하나만이라도 가슴 불태워 굽힘 없는
경의敬義로운 충직忠直들 모임은 없는가

사는 것도 먼저 나라 걱정
민무신불립民無信不立*이거늘
늘 백성 근심 챙기면서
비바람 불어서도 지나침도
모자람도 기울어짐도 기대하지도
아니하는 본분 청대마디
마디마다 오매불망寤寐不忘

필생을 바쳐온 그대 일편단심
추호도 후회하지 말라 나보다

나라가 있어야 우리가 있지 않느냐.
헌데 그대는 왕이정인枉己正人*하면서
옳지 않은 일을 왜 모호한 맞장구만
치는가? 앵무새가 허! 허! 웃어대네.

*民無信不立 : 백성이 서지 않으면 서지 못한다는 뜻.
*枉己正人 : 자기는 잘못하면서 남을 바로 잡으려 한다.

탄식마저 수탈하는
― 바다에 쓰는 시 · 17

술렁이다가 피폐해지는 눈물을
짓밟고 탄식마저 수탈하는 탐관오리들

거절據竊* 발자국 소리에 엄습해 오는
두려움으로 흩어지는 여민餘民들
어찌 남절濫竊*에 의관지도衣冠志盜*를
모를 리야 있겠소.

견위필규見違必糾*해야 함에도
그렇게 벼슬 좋아 굽실거린다 말이오.
말 한마디 못하고 어이없이 빼앗긴
치세 앞에 탁발하던 손목마저 잘렸구나

배불러서 늦게 온 암행어사인들
누굴 잡고 조서 꾸미겠소.

*據竊 : 땅을 훔쳐 그곳으로 근거로 함.
*濫竊 : 그저 봉급만 축냄.
*衣冠志盜 : 관복 입고 도둑질하는 관리.
*見違必糾 : 어긴 것을 보면 반드시 바로잡아야 한다.

눈부신 자네 눈금은
— 바다에 쓰는 시 · 18

먹줄 잡게 하더니 활연豁然하는
희한한 위안만큼이나 딴짓하며
자네 눈부신 그 눈금 어디 있는가

퉁긴 먹물에 내 눈만 멀게 하더니
이제 웃음까지 돌아앉아 짓밟고 오히려
의심하여 원성마저 꺾어 군불이나 지피는
따신 방에 둘러앉아 저 호기부리는 망언들

불가사리 그물질에는 안 걸리던가. 어찌 그것도
썩은 뻘 젖인가? 바로 시커멓게 녹아버린 담즙
그것도 추운 한데서 절절 끓이는 알코올램프에
안토시안 나비 떼 날개가 타버린 바다비듬들

아직도 멍든 붕어빵 모가지만 구석진 통발그물에
걸려 누군가 절박한 외마디 소리마저 끊어내는 치정
모닝콜 새벽닭소리라도 빨리 듣고 싶구나

지금도 꺾이는 수숫대들이여
— 바다에 쓰는 시 · 19

비단 이런 저런 일뿐이겠는가.
번연히 그대 잘못을 전가하여 둘러씌운
억울한 죄에 발버둥치는 영어囹圄신세
밥 먹듯 비일비재함에도 눈 닦고 보아도
아끼던 질그릇 깨어진 채 뒹구나니
이 세상의 법은 법대로 하는구나!

시비 가려내지 못한 겉바람으로 죄 지은
짐승들은 빠져나가고 죄 없는 사람
변명에는 숨소리마저 조목조목 칼질하여
어찌 그리 척척 잘 맞아 떨어지는가
부엉이의 조사서 앞에서 절소竊笑*하며
구부린 원통한 눈물들

호소할 곳은 야단법석 아니고 또 어디
더 있겠는가! 사실대로 부인해도 조서 믿게
하는 으름장 아니라면서 뒤적거리는 반말로
윽박지름에도 숙종 십팔 년 사월巳月 삼십일 날
오십육 세에 적사謫死하니 이 분통함을 누가
붓 들어 설원록雪冤錄을 쓰겠는가!

헌데, 그대는 섬뜩한 사실도 없는 듯
외면한 채 걷는 길에서도 왜 헛기침만
내뱉는가. 만약 그대가 청렴하다면
언제쯤 똑바로 천극죄栫棘罪* 가시면류관 쓰고
삿갓 섬에서도 고개 바로 든
서포 선생과 버금할 만 하겠는가

＊竊笑 : 혼자 가만히 웃는다는 뜻.
＊栫棘罪 : 가시울타리를 둘러치고 그 안에서 죄인 다스리는 죄.

소낙비 받아 수틀에 칼날 가는
웃음소리 듣느냐
— 바다에 쓰는 시 · 20

쓸개와 간 사이로 뛰어 다니는
지록위마指鹿爲馬* 아느냐
온갖 거짓이 진실을 호도하며
진짜의 모습을 볼 수 없는,
사슴을 사슴으로 보지 않고

결국 고라니라고 입 맞추는 걸 가리킨
손가락의 잘못을 되레 칭찬하는
연목구어緣木求魚*하는 헛웃음 보소
아무도 말하지 않는 확연懼然*한
그것도 가장 아파서 외로운 분노라니?

이빨만 자주 내민다고 될 일이 아닌
저 비겁하고 음흉함으로 옥죄이는
후줄근한 회벽유죄懷璧有罪* 보소
천망회회 소이불루天網灰灰 疏而不漏*에는
그냥 유유히 빠져 나가는 꼴 보이는구나

언젠가는 슬리퍼 끄는 한 치의 느낌마저도

불타는 후줄근한 소낙비로 쓱쓱

갈아대는 칼날 앞에 전미개오轉迷開悟*

심통을 꺼내 줄 수 없어 소낙비에 젖는

칼날웃음소리 들리는구나

*指鹿爲馬 : 사슴을 가리켜 말이라 한다의 뜻.
*緣木求魚 : 불가능한 일을 무리해서 굳이 하려는 뜻.
*懼然 : 눈을 휘둥그렇게 하고 놀라 허둥지둥함.
*懷璧有罪 : 옥을 품고 있는 것이 죄라는 뜻임.
*天網灰灰疏而不漏 : 하늘의 그물이 크고 넓어 성긴 듯하지만 빠뜨리
   지 않는다는 뜻.
*轉迷開悟 : 미망에서 돌아와 깨달음을 얻는다는 뜻.

눈물 흘리는 까마귀
— 바다에 쓰는 시 · 21

공중을 떠도는 이 땅의 까마귀
꽃상여 나가도 울어대서 모두 침을
뱉어대도록 해놓고 한 시대의
바른 말이 무엇인지 알지 못해
때로는 머리카락 휘어잡아 뽑듯
수수밭 지나는 목쉰 울대로
처절함을 토하는 그대로 흐느끼나니

비웃는 입술마저 비트는 슬픔만큼이나
막막함을 기막히게 퍼지러 앉아
쓰러지도록 울고 있어
뽑히는 가시로 하여 검붉은 피 뽑아내며
까무러치게 질리는 두려움에 설친 밤잠을
아랑곳없이 치켜들고 들고 일어서는 죄
한여름 푸심처럼 죄다 비비꼬이도록
할 말은 더듬어대다 칼 빛으로 울고 있어

타버린 울음 끝을 맴도는 까마귀
더럽게 사는 내 간肝부터 간헐적으로
쪼아대는 더 큰소리로 나는 길조다! 길조다!

내 환청부터 파고들며 찬물 끼얹듯
어지럽게 연잠然潛*까지 하나니

*然潛 : 눈물 흘리는 모습.

덮씌우기 품바타령
― 바다에 쓰는 시 · 22

초콜릿 아이스크림이 하수구로
흘러가면서 썩고 있어
멍든 손톱에 끼인 흥건한 땟물 둥둥
뜨면서 건들마 바람 끌어들이고 있어

테 없이 날아오르다 곤두박질하는
안경알들 부글부글 끓고 있어 그때마다
건너편 도토리배꼽 산에서 간간이
추스르며 우는 뻐꾸기들

뒤섞은 분기憤氣들의 찌꺼기들이여
알고 보니 언제 몰래 낳고 간 뻐꾸기 알
오목눈이 새에게 맡긴 불안으로
귓바퀴 돌며 익히는 야비한 모정의 울음소리
깊어질수록 하수구 대롱에 차오른 헛물마저
콱 막혀 소나기가 퍼부을 때 넘치는
무더위 날 궂는 그때쯤 날아가는 뻐꾸기새끼

둥지 비우기까지 기다리던 무자비
그것도 정하지 못해 이리저리 망설임

그러나 꼬박 먹이 물어다 주는
오목눈이 유모들 분노는 전혀 없어
너무나 속상해도 도마 위에다 놓고
난도질 다음을 하수구에다 처넣고 또
밀어 넣는 머저리 찌꺼기들 뿐

애태우지 못하는 한 마음에다 꽃씨 뿌려야
싱그러운 생명의 핏줄 둥근 두레상에
탯줄 같은 하수구의 뻐꾸기소리 이제 그칠까
또! 또! 뻐꾸기 알에 무시당하는 오목눈이
새 둥지에 낳는 우울증에다 얌체족들마저
돌림병 벙거지 품바타령 덮씌우기
눈 거시리는 왜장녀들 보아라

서포西浦 물망勿忘 다시 쓰다
— 바다에 쓰는 시 · 23

1. 서포의 광산김씨光山金氏 성姓마저 삭제하고

뭉텅뭉텅 상투를 단발하듯 굵직한 붓끝들을 잘라 어느 갯바닥에 내팽개치고 널름 널름 물벼랑 굽 턱 침만 삼키는 통분痛憤함 들리는가! 부름을 받들도록 할 수 있는 원한도 지워버리면서 슬픔도 오직 대의를 향한 사모思慕뿐이었든가. 그러한 청직한 집안 아! 기사사화 샛바람 너울로 하여 53세가 되던 해 숙종15년(1689) 가월嘉月, 그러니까 서포의 성姓마저도 삭제시켜 윤삼월 칠일에 다스리는 천극죄(栫棘絕島之命), 가시울타리를 둘러씌운 남해절도南海絕島로 유배시켰나니 누가 자청했다고 하느냐? 서포가 대의명분으로 죽음을 자청했겠느냐!

2. 백발인데도 모친 생일날에 올리는 그리움

그가 유배된 해 계추桂秋*이십오일 모친의 생일날에 「백발아체자모전白髮兒啼慈母前」, 즉 '백발에도 모친 앞에서 아이처럼 울며' 쓴 칠언율시 사친시思親詩, "오늘 아침 어머니를 그리워하는 글을 쓰고자 하나/ 글이 되기 전에 눈물이 이미 그렁 하네/ 몇 번이나 붓을 적셨다 내던졌는고./(…)"

어찌 이 뿐인가! 구구절절마다 어찌 피맺힌 회오 '서포유작'* 읽을 때마다 부르르 떨리는 혈분血憤이여! 참으로 진실도 한바탕 꿈이라 하지만 아직도 굿니 소리마저 통절하고 있어 강화바다 한복판에서 태어날 때부터 바다 배에서 낳은 통렬痛烈하는 고분孤憤을 백성들이 얼마나 알 수 있었으랴! 소형 전선戰船 타고 피신하던 중, 1637년 그러니까 인조5년 2월 10일 오시午時에 유복자로 태어나서 한때는 서울 외가에 몸을 의탁한 서포의 영욕榮辱 중에도 효심을 다하지 못해 천추에 남는 인지상정이여.

3. 모친 부고는 다음해 진월에 받고

모친 해평海平 윤씨尹氏부인이 숙종15년 12월 22일 칠십삼세로 하세下世한 부고를 그 다음해 1690년 숙종16년 진월辰月*에서야 받고 당하堂下로 떨어져 기절, 한참이나 일어나지 못한 눈물을 겨우 일으켜 붙잡고 적소에 위패 모셔 날마다 물새울음처럼 절곡하다 유배 삼년 오십사일 만이요, 1692년 숙종18년 사월巳月*삼십일 날 오십육 세에 적사謫死하니 설원雪冤*하는 분통함뿐이겠는가!

그런 일에다 서포 선생 유배하던 해에 넷 임금이나 섬기

시던 우암尤庵 송시열〔宋時烈, 1607~1689〕 선생마저 제주도에서 사사賜死되었으니 지금도 그 원통함을 어찌 파도가 철철 씻어버린다 한들 한 맺힘을 풀겠는가! 지금도 초연하게 굽힘없이 상소하는 백발白髮한 파도 울음소리 들리나니

4. 매화 두 그루의 절개를 회포하고

거연巨然*한데서 사람됨을 노새에 비견하는 것은 의심을 낳는다면 직필直筆 직언直言을 받아들임에도 경계하고 죄목으로만 다스려서야 되겠는가! 명달한 식견이 없는 권력다툼의 한 시대를 반태盤泰*에 우뚝 서서 백일하에 드러낸들 여감餘憾*이 없겠는가! 탁락卓犖*을 두고서는 다투지 아니함에도 서포 집안의 사위인 승지 이이명李頤命마저 연루, 거제도에서 남해도로 1692년 모월모일에 이배되었나니 황궁皇穹* 오월午月 어느 날 서포의 적소 절도絶島에서 시들어가던 매화 두 그루를 어루만지며 자기 적소로 옮겨 살리면서 읊은 '매부梅賦' 햇살인들 가시울타리에 걸려 창모愴慕*하는 회포에 절뚝거리다 되돌아 슬피 우는 새소리가 지금도 간헐적으로 이를 갈며 울고 있나니!

5. 뭇사람의 입이 쇠를 녹일 수 있어

그러나 1698년 숙종24년 그해 그의 관작官爵 복구와 1706년 숙종 32년에는 효孝에 대한 정표旌表를 내렸는데 어느 학

자가 쓰고 토착민들이 세운 '유허비遺墟碑'에도 "뭇사람의 입이 쇠를 녹일 수 있어"라는 대목에 문文과 효孝가 뛰어났음을 만고에 새겨놓았네. 무심無心이 곧 분별分別이라면 초옥 터, 우물터, 허묘 터는 애절한 그때 그 섬 그늘 그대로 가시 울타리로 둘러쳐 있구나! 비참하였음을 보여줌이려니 오! 당신이 저 세상에서도 당당히 살고 있는 여여如如, 바로 진여眞如가 충의忠義임을 밝혀 놓은 땅 이름은 남해군의 삿갓 섬 그곳에 사시면서 오늘도 그대 수필 '서포민필西浦漫筆'에 써둔 한글로 쓴 소설 물망勿忘도 마다하면 어떤 내력으로 다시 써야 하는지요?

＊서포유작:「在南海聞兩侄配絶島」「南海謫舍有古木竹林有感 于心作詩〈其一, 其二〉」『西浦集-先妣貞敬夫人行狀,西浦年譜』『西浦漫筆.下卷』『謝氏南征記』등.
＊참고 : 거제도에 유배된 둘째 조카 김진규〈金鎭圭, 1658~1704〉의 글:「望雲山歌奉寄叔父-南海有望雲山無便不果寄」.
＊桂秋 : 음력 8월을 달리 일컫는 말.
＊辰月 : 음력 3월을 달리 일컫는 말.
＊巳月 : 음력 4월을 달리 일컫는 말.
＊雪冤 : 원통함을 씻다.
＊巨然 : 크고 의젓하다.
＊盤泰 : 반석과 태산을 아울러 이르는 말.
＊餘憾 : 남은 바람이나 한恨.
＊卓犖 : 남보다 훨씬 뛰어나다.
＊皇穹 : 하늘.
＊愴慕 : 그리워서 마음이 아프고 슬픔.

앵강만은 두루마리 상소문을
거듭 읽어 내리나니
— 바다에 쓰는 시 · 24

시방 대의大義가 배고픔보다 더 절실한
이 시대에 꼭 읽도록 오기와 풍자로
펼쳐지는 사씨남정기謝氏南征記의 바다

앵강만 바다 가시너울들이
서포의 책장들을 넘기면서 먼저
좌절하는 파도 위에서 비통해하고 있어

수월관음보살의 속살무늬 물이랑마다
대비대자 사상으로 자비 구제를 위한
대서사시의 사실史實을 에둘러 저
직솔하는 유장攸長한 서포 붓놀림 보아라

터득치 못한 우둔함을 서로
밀치고 직소한 내력 거슬린다 하여 또
권력 휘둘러 내리치며 내림굿마저
갈가리 찢어 날려 절장하는 한 가운데서도
펄럭이는 당신의 도포자락에 온 바다가
현세 곡절에는 분노로 일어서며

두루마리 상소문을 굽이굽이 백발로
읽어 내리고 있나니

무엄하게 무함誣陷한 간신들을 소금 굽는
펄펄한 가마솥 안에 집어넣어도
소금마저 시퍼렇게 멍든 간 조림 그
갈라터진 혓바닥만 살아서 날날 거리나니

노도 다스리는 노도여
— 바다에 쓰는 시 · 25

몇 번이고 낯익은 연못가 실버들
물살이 글 쓰듯 오늘은
기러기 날갯짓으로 고향편지 쓰나니

벌써 일 천 이백년 전 당나라 시인
장적張籍* 시詩 속에 부끄러운 기러기
한 마리 만났네라 못 이기는 듯이
소매 끝자락에 끌려가봤네라
설니홍조雪泥鴻爪* 알면서
없어도 푸짐하게 살던 사랑채에 앉아
융숭한 대접 받고서는

그길로 나서서 또 하나의 정리情理에
차마 지나치지 못해 기웃거림에 사무치다
돌담 무너진 너머 험상궂은 늙은 암캐
한 마리에 쫓기다 돌아선 내 눈과
마주치었네라 뜻밖에 주인 찾는 눈빛
꼬리치고 있어 쥐새끼도 얼씬 못하는 대문
다시 보니 어떤 빗장도 없구나

우리네 손 내미는 잔 인정마저 도대체
어디에다 팽개쳐 버렸는가 그렇게
당부한 방민지구심어방수防民之口甚於防水*
진정 모르는가

외기러기 울음소리 기울던 술잔 회포마저
쑥대풀이 앗아 그대로 먼저 취해 있구나
여보게, 차라리 노도櫓島로 한달음 가보자꾸나
서포 적소 분통만큼이나 시원하게
노도怒濤로 다스려봄은 어떠하겠는고

*장적〈張籍, Chang Chi〉: 자 문창文昌이며 한유韓愈와 친교, 전란에 괴로워하는 민중의 생활을 읊어 역시 장적과 동시대의 시인 왕건〈王建: 고려를 창건한 왕이 아님〉과 병칭된다. 장사업張司業시집 8권卷 등 있음.
*雪泥鴻爪 : 눈 진흙 위에 기러기의 발자국이 난 것을 일컫는데, 진흙 밭에 발자국 남겨봐야 금세 사라지는 것이 세상 이치라는 뜻.
*防民之口甚於防水 : 백성의 입을 막기란 물을 막기보다 더 힘들다 뜻으로 사마천이 사기에 기록한 민심에 대한 경구임.

『사씨남정기謝氏南征記』 남긴 땅 지금은
— 바다에 쓰는 시 · 26

알아차림으로 사는 어진 분들이
올빼미에 바닷새 울음 섞이는 밤중에도
남해 앵강만 물고기들의 밀썰물소리
주야로 머리맡으로 가름하여 노 저었을까
간헐적으로 바다에 일어나는 돌풍
우리들 분노를 잘 다스려온 인의仁義의 땅

우스꽝스런 물제비 팔매질이나 하는
시럽토록 방아구질이나 하는 치졸한 그런 짓도
없이 부랴부랴 살아도 서로 믿고 다독이며
이곳이 어떤 땅인지를 늘 뿌듯하도록 살아온
그 시간들 이 시간이 된 신의信義로 다짐한 땅

오! 1383년 왜구를 무찌른 정지鄭地 제독의 관음포대첩觀音浦大捷에 이어, 1598년 11월 19일 아침 관음포, 또는 이락포李落浦에서 충무공 이순신 장군, 나라님 허락 받은 분기탱천으로 연합함대와 함께 거북전선 12척을 직접 이끈 노량해전에서 그대 장렬한 전사 만고청사에 빛나는 충성 순국 그 충의를 어찌 기리는 것에 그치리오. 문득문득 혈전의 바다 냄새 어찌 잊어오리까! 바닷새도 찾아 우는데 차마 그날 잠시라도 눈감아 떠넘기곤 못 산 충절의 땅

어이 이뿐이랴! 천극죄栫棘罪 풀어준 나라와 만백성 향한 일편단심의 땅. 피고름을 쭉쭉 입으로 빨고 빨아내면서까지 만져보면 서격대는 청대숲바다 저 난바다의 칼질로 잘라내어도 모자란 그 꼿꼿함의 현순懸鶉* 소매끝자락 펄럭이는 것 보소. 통분하는 붓을 세우고 불끈 쥐고 피눈물 짓이겨 한글로 써내려간 '사씨남정기' 내력 둘둘 말아 봉합하다가도, 어지바리 단념을 막아서며 바로 보이는 것을 피해 너무도 절박한 가시나무 새처럼 가시넝쿨에 스스로 찔러대던 핏덩이여 스스로 삿갓 씐 섬을 앞세우고 알리나니 그러한 그 이전에 이미 가시덤불 쳐내며, 천 년 전부터 후박나무에 고려대장경판 글 해인海印하던 칼로 새롭게 거듭 도려내어 새기고 담금질해온 아! 그 충정단심 눈부신 일월의 땅

　언제나 자정自淨하는 생사 소리가 후박나무 가꾸듯 어진이들이 신신新新하는 천상의 노래 꽃피우던 설원雪冤의 땅 바다굽이마다 그 고난을 잘 넘겨온 바닷새들 지금은 우주를 향해 비상하고 있나니 바로 생동감으로 두루마리에 쓰는 파란메시지들이 참으면 좋은 날 온다는 선대들 말씀 그대로구나

　＊懸鶉 : 너덜너덜하게 낡고 해어진 옷.

제3부

반 흘림체가 쓰는 적소
— 바다에 쓰는 시 · 27

섬으로 유배되던 반 흘림체 눈물
가슴 물살로 지워도 목선 한 척
격랑 쪽으로 쏟아지는 빗소리 파도에
물봉 빠진 뱃전에 부딪쳐 떠다니며
부러진 날개 떠밀리며 떨어댑니다

난쟁이가 사는 조금치* 달개(月浦) 구석
속속들이 실밥 터지도록 후벼 파는
청석기미 굿니 소리 밀려와서
삿대 부러뜨리면서 퍼 담는 삽질 소리
울지 않은 밤새 한 마리 날갯짓 소립니다.

지난날 부지런한 새벽걸음
내 절절한 발걸음을 어물전 경매에
내어놓은 저 입방아들 아직도 할깃한
눈빛으로 기각(棄却)*소린 줄 압니다
하지만 유유히 나는 한 마리 바다참수리

후박나무 위 돛대 날갯짓으로 휘돌면서
그 섬들이 '오귀새남굿'하는 눈물 앙숙

적소謫所를 추스르는 청대바람 되어
반 흘림체 파도에다 울컥울컥
토악질만 하겠습니까?

*조금치 : 조금 전후에 내리는 비를 일컬음.
*른刻 : 뒤에서 구성거리다의 뜻.

시 쓰다 창문 여는 적소에서
— 바다에 쓰는 시 · 28

갯바위에 앉는 새떼 보고 누군가
겨냥하여 오수리의 포수 총질에
세존도世尊島로 날다가 간신히
피신하는 밤바다에서 다시 노 저었습니다.

내던져주는 하늘복숭아 움켜잡고
씹을수록 울컥 울컥거리는 너울이
지 헛발질에 지쳐 허우적거렸습니다.
물벼랑 길 밟을수록 미끄러지다 겨우
모개진*에 닿아 애 터지게 살다간
배 다른 할머니 불러보았습니다.
흰 새 한 마리 머리카락 뽑듯 도는
내 눈가에 앉을 땐 긴 한숨도
눈물 닦는 거 보았습니다.

눈물이 써 내린 어머니 전 상서 띄우지
못한 채 늦잠들 적엔 유리창 흔들어대는
새벽바다는 뱃길 보여 줄 때 눈감았습니다.

그래도 참 다행이구나
아침 햇살이 내 우수를 꺼내어
불태워 줄 때는 시원해서 소리쳤습니다.

＊모개진 : 욕지면 목개에 있는 나루터를 일컫는데 노대도의 여울목이
나 타지에서 옛날부터 이 목개를 이용하여 나룻배들이 닿던 진津인
데, 현재 지명은 목과로 부르고 있다. 일제강점기 때인 1914년 전국
적으로 이동명 조사 때 '목과'로 보고된 것이 지금까지 부르고 있다.

수군대는 마파람소리
— 바다에 쓰는 시 · 29

　벼락 맞은 섬 하나 돌아옵니다. 하얀 연꽃 핀 온 바다에 풍덩 빠졌을 때 누군가 겨우 목덜미를 움켜잡고 망설임을 건져 올려주었지만 참담한 저승길로 가면서 바다에 빠져 허우적거리는 그대 보았습니다. 수천수만 번 넘어지며 섬과 섬들을 붙잡고 발버둥 치다 연화 문 앞에 당도하였지만 다시 쫓겨 나오는 걸 내가 나를 보았습니다. 뭇 사람들이 눈 흘기며 수군대는 마파람소리도 들었습니다. 되감는 파도자락에 헤엄 한번 쳐보지 못한 속수무책으로 머리채까지 휘어 잡혀 끌리어 다니면서 거짓말하도록 강요당했습니다. 그러나 끝까지 꼿꼿한 의기로 맞선 외로움이 무섭게 불타오를 때 그 먼 곳에서 내 새끼야 부르며 달려와 껴안는 어머님 목소리가 세존도 흰 파도소리로 흔들어 깨웠습니다. 추스르도록 젖은 옷을 벗겨 말려 입혀주는 어머님께 불효자는 무릎 꿇고 사죄했습니다. 미수眉壽눈물 삼키고 삼키시는 당신의 눈물에 불초소자 또 해안 낭떠러지로 떨어지고 있었습니다. 생인 손톱 도려내는 아픔보다 더 욱신거렸습니다. 천벌받아야 하는 섬 하나 가슴 두들겨 패는 피눈물 내 눈물을 처음 보았습니다. 간혹 잔잔한 날씨에도 섬 굿니 너울로 흐느끼고 있습니다. 내무부에서 모처럼 합격된 지방사무관이지만 한때 직위해제 되었던 섬 하나 지금도 절규하고 있습니다.

무위無爲
— 바다에 쓰는 시 · 30

싸락눈 내리다가 함박눈으로 바뀌는 숙기夙起*의 입김 보고 있어 얼어버린 꼭두새벽기슭 재촉하는 새벽닭 첫울음을 듣고 있어 서둘러 밟던 걸음 미끄러져 남쪽끝자락 바닷가 창 너머 파도치는 진눈깨비 맞고 있어 그간 잦은 작달비에 늘어난 어진 아내의 살쩍* 너리바위 뺨을 적시는 섭씨 십이 도의 날씨는 정지하지 않는 하얀 나비 날갯짓만 착시현상을 일으키고 있어 이실俚室*에서부터 여태껏 장다리꽃밭으로 날았지만 누군가의 배신으로 솎아내고 뽑아낸 모욕도侮辱島*의 적소謫所에 흩날리는 현순懸鶉* 그 소매끝자락 아래로 주저주저 더듬는 거 보고 있어 어딘가에 놓아둔 돋보기 찾아 그날의 눈발을 새김칼금으로 넣으며 맹렬히 긁고 있어 갈치 눈구멍 보며 숭어뼛속을 가르며 질주하는 물차만 보여주고 있어 휘몰아대는 폭풍우에 놀라 더 크게 눈 떴을 때 유리창에 써둔 괴기한 낙서들이 그 아름다운 반복의 오류를 지우고 있어 내가 바라던 것들 아무것도 아닌 거기 무명지박無名之樸으로 맞아주고 있어 어느 바위틈에 하얀 가부좌 그대로 그대를 앉혀놓고 두 손 모아 오히려 부지불온不知不慍*하고 있어

＊夙起 : 아침 일찍 일어남.
＊살쩍 : 관자놀이와 귀 사이에 난 머리털.
＊俚室 : 시골집.
＊侮辱島 : 모욕당한 섬이라는 조어造語임.
＊懸鶉 : 너덜너덜하게 낡고 해어진 옷.
＊不知不慍 : 알아주지 않아도 성내지 않는다는 뜻.

신설원록新雪寃錄
― 바다에 쓰는 시 · 31

1.

뒤집혀지는 한바다를 대발大發한 병마兵馬 풀어 평정한 충절忠節들이 사는 이 땅에 이 몸 다 바쳐 천년의 비애인들 대대손손 신의信義로 전하여 어찌 파헤치지 않겠소마는 때로는 황천항해에 이내 날갯짓, 물에 젖은 날 있어도 싱카* 왔소. 다 닳아 날지 못함을 안타까움으로 목메지만 인의仁義 앞에서는 굽히지 않았소. 어찌 지금도 변절했다 하겠소. 해와 달이 식음을 철폐撤廢하더라도 오운烏雲을 파일擺日*하여 광채만은 비비卑鄙*함이 없도록 또 앙설怏雪*하여 선인들 앞에 서면 부끄럼 없소. 그대가 그대 일생을 백편白鞭*으로 다스리고 있소.

오로지 일념一念으로 지켜온 지분持分임에도 순진한 이들과 망설妄舌*과 반결盤結*하고 추살椎殺*하려는 반당伴黨*들의 시시비비…무함誣陷으로 그 섬에 간 것도 모자라 옛날 만호벼슬 정도 되는 관직마저 삭탈해버렸소. 일 년 하고 몇 달 내로 그대 노모의 미수眉壽눈물 껴안고 몸부림치는 치리섬 끝자락에서 일어나는 갈바람에 분절憤絕*하던 부시마바람* 이었소. 그러나 과연 고집 세고 뼈대로 버티어온 혈족은 이어졌던가 다급해서 더듬듯 절비竊比*하여 다시 뒤돌아보고 있소.

2.

 조선시대 세조14년 그러니까 1468년 무자년戊子年 십이월에 '이시애 난' 정토征討에서 장렬하게 순절殉節한 삼등공신三等功臣을 '정충출기포의적개공신이등精忠出氣布義敵愾功臣二等'에 추록追錄하고 '가정대부병조참판嘉靖大夫兵曹參判' 증직贈職과 '연천군延川君'에 봉하는 임금님의 교서에 '강열剛烈'이라는 시호諡號를 내리신, 당신에게는 17대 휘諱 운혁云革 선대이시고, 그의 배위配位는 정경부인貞敬夫人 광산김씨光山金氏(부父 예빈경禮賓卿)이시나니

 강열공 운혁 중시조中始祖로부터 그대에게는 13대 통정대부通政大夫 행行 용천군수龍川郡守 휘諱 중의仲儀 선대의 배위 숙부인淑夫人 광산김씨光山金氏(부父 진사여옥進士 如玉)이시나니. 그 할머님들의 후손인 대제학 김만중의 직언直言을 천극죄栫棘罪로 다스려 하늘도 웃을 유배길 재촉하던 처지와는 전혀 다르지만, 그대가 전깃불 켜지는 섬 그 적소에 유배된 시퍼런 억울함이 지금도 살아서 개구석을 검붉게 떠돌아다니고 있소. 날씨 궂은 날 개(浦)헛바닥으로 바다에 쓰고 있는 혈루血淚의 상소문들, 아무리 가시울타리로 에워싸도 아첨阿諂자들 앞세워 똑똑히 보도록 했소. 벌써 천천淺淺*물

갈림 소리와 바다참수리가 비상하는 차운次韻*의 탁연卓然
*을 보는가? 보소! 지금도 후박나무 이파리들 휘 뿌릴수록
바다위에서도 대쪽 같은 날갯짓의 신의信義와 인의仁義 보이
지 않소? 밝은 동쪽에서 떠오르는 태양을 지금도 억색臆塞
하지만 이미 빈빈彬彬*함은 작용作俑*할 수 없소.

*싱카 : 숨긴다의 뜻.
*擺日 : 날마다 비질의 뜻.
*卑鄙 : 비열하다의 뜻.
*快雪 : 원망스러움을 씻음.
*白鞭 : 꾸밈없는 채찍.
*妄舌 : 아첨하는 혀 놀림.
*盤結 : 어울려 결탁함.
*椎殺 : 때려죽임.
*伴黨 : 관청에 소속된 심부름꾼.
*憤絕 : 분노를 억제 못함.
*부시마바람 : 남서풍을 일컬음.
*竊比 : 가만히 비교하여 봄.
*淺淺 : 물 흐름의 모습
*次韻 : 먼저 시詩의 운자를 가지고 짓는 것.
*卓然 : 높이 빼어난 모습.
*臆塞 : 가슴이 막히는 듯이 하다는 뜻임.
*彬彬 : 빛난 모습.
*作俑 : 허수애비를 만드는 것.

땅을 친 무죄 통보
— 바다에 쓰는 시 · 32

그날 그대 아내가 통곡하던 뱃머리
갈매기 소리 쫓으며 웃고 있는 바보처럼
두 손으로 허공을 휘젓다 갈기갈기 바람마저
찢어버린 피눈물 소리의 광대 짓거리
아무리 바닷물에 적셔도 소금물에
헹구어도 굽어진 소리의 상흔들 지금도
기억의 돛단배로 흔들려오는 섬 기슭 있어
입에 물고 오는 갈매기 답신 읽다가
더 아파서 눈감고 읽고 있소

죽으면 반납할 주민등록증 같은
훌훌 털어버려도 목덜미를 치렁치렁
휘감는 뱀처럼 자학하는 천덕꾸러기여
그대 껴안아 스스로 침 뱉는 그대 그림자
그래서 간간이 종이학으로 날고 있소
말없이 이빨 갈아대는 바다 한 끝
끌어안고 이 밤에도 욕지欲知하는
화엄경 읽고, 읽다 눈 감고
밤새 울음소리 듣고 있소

굽이치는 선한 몸짓을 관계하는 몽유병 환자처럼 화엄산 하얀 눈 더미 속에 옷 벗은 채 굴러 떨어지는 청대 지팡이 하나 헛웃음 치고 있소 감춰둔 빈정거림의 뼈 속 깊이를 다시 짚을 때마다 욱 하는 우쭐거림으로 사는 그놈의 사이코의 쾌감 이야기를 듣고 있소

죄 아닌 죄 앞에서 긴 한숨으로 땅을 치면서
무죄 통보 먼저 알려 준 하늘 목소리에
간교한 사이코 그대인들 어찌 하겠소.
지금 저 후박나무 숲을 시퍼렇게 흔드는
어진 사람들 소리 듣소? 헐뜯던 그대여 누구는
잊어버리지만 이내 상흔 어찌 잊으란 말이오!

뼈마디 떳떳이 갈아 끼우고
— 바다에 쓰는 시 · 33

비명의 유린을 끝까지 버티고 당당한
오늘의 어제가 펄럭이고 있소 그려

그러나 겉으로 그럴듯한 자네는 어떻소
눈썹에 남은 칼날을 아직도 갈고 있소

오로지 정직을 다스려 온 뇌관을 품고
위기의 북소리에는 분연히 일어서는 나는
한 자락의 포효 새로운 파도를 불러내어
침묵의 뼈마디 떳떳이 다듬고 있소
움츠림 없이 항상 어진 사람들을 생각하는
후박나무 가슴에다 침 뱉던 그놈들
화려한 명함들 찢고 장작불에 태우고 있소
거짓과 기존의 낡은 틀을 깨뜨리며
옭아매려는 규율보다 새로운 자유의 핏줄
챙기며 죽방렴 물자배기 보고 사요

눈에 밟히는 뒷물보다 노櫓 한 번 더 젓는
순리를 위해 어떤 파고가 또 닥칠지라도

결코 굽히지 않는 섬집 돌쩌귀 되어
문설주 빛으로 다스리고 있소

딴 전에 펴놓은 능모리꾼
— 바다에 쓰는 시 · 34

능모리 꾼 자네 늘 모자람의 쓸쓸함 때문에
다시 들춰 보는가 더 찾아 봤지만 거기에도
버려진 소라고둥뿐이었어 혓바닥 아래로
내깔리고 있는 초저녁그늘 눈꺼풀뿐이었어
개(浦)구석에 닿는 개털 몽상을 비틀고 있어
창시 연민까지 일부러 벗어나려고
감춰 온 바다몸짓 긴가 민가인가?

잎새에서 날아오르는 새소리 그치는
그곳까지 굴러가서 그놈 다리를 핥고 있어
자네 사타구니도 흘끔흘끔 보면서 찌푸리는
미간 사이 그 사구(砂丘)를 걸어서 삭혀온
간질간질 간지러움 그 투덜투덜한 머리통을
만져본 짐작들 구멍에서 비아냥거림도 눈부심
앞에서는 입 싹 닦고 눈만 껌벅거리고 있잖아

아침이슬이 도망친 길 따라 서두르다 보면
초겨울에도 반쯤 물린 민들레 혓바닥만
방둥이 밑 통치마의 말에다 숨겨놓고
눈 감기고 있는 속임수, 아 그래서 그 자리에

삼층 돌탑이 한여름 햇살 휘감고 다가서도
더 침침해서 눈감고 있어

그러니까 자네 엉터리 푸심아 더 떨어댄다고
그 돌림병이 낫더냐? 그리 타일러도 군청이
되었나니 삐딱한 자네 귀두도 웃지 않느냐

털게가 보내는 SNS
— 바다에 쓰는 시 · 35

갤럭시S 10에 기어 다니는 털게 한 마리
된새시마*에 이분법으로 갈등하는 거품
썰물이면서 내밀치기하는 헛웃음

구름다리 밑 물구나무 선 수중도시
붙잡고 백미러에서 헤엄치며 말투마다
빈정거려서 잠들지 못한 게스트하우스
밤중처럼 꿀렁거리다가 비로소 자정에
돌아서는 밀물 그 반대쪽 썰물로 물자배기

노도갯바위에서 던진 낚싯줄 휘어지도록
하고 싶은 말 한 마디 못하는 성난 파도가
뜬눈으로 버티다 여기서 잡은 돌돔만
숨기고 뜻밖에 참말 사이 참돔 낚으려다
실족한 그 그림자는 장두노미藏頭露尾*
지금도 피둥피둥 대고 있지 않는가?
엉금엉금 거미처럼 기어오르는 털게인가!
속사정 동영상으로 찍어 보낸 SNS에서
뒤져봐도 보이지 않는다고 투덜대고 있어

허물거리는 허깨비 허물 벗어 내던지고
춤만 추고 다니는 저 털게 춤 볼라 카몬
노 젓는 삿갓 섬 헛웃음 보면 안다 아이가!

* 된새시마 : 바닷가 사는 어부들의 언어인데, '북동남풍'을 일컬음.
* 藏頭露尾 : 속으로 감추는 것이 많아서 행여 들통 날까 전전긍긍하는 태도.

거짓말도 소금에 버물려놓고
— 바다에 쓰는 시 · 36

개 자식의 그놈은 아니지만
한 다리 들고 나무 밑에 내갈긴
그 욕설의 응어리들을 쏟아낼 때

소금쟁이 아들이 보고 있어 허탕 친
그날 수모가 오싹해지도록 먼저
걔가 눈발 털어대며 지지리 치고 있어

겨드랑이에서 떨어지는 장난감 총알
줍듯 엎드려 순간을 더듬어 헤매던
표적물 집어들 때 물컹한 거짓말들

포물선으로도 명중되지 않은 채 그
감나무 밑에 떨어진 것 같아 그러나
축축하게 머무르는 걸 보고 소리치는
개 놈의 어머니가 '숨어라 불알 숨겨라'

손을 휘저으며 소금 뿌리는 걸 보는
소금쟁이 아들 보고 또 하나의 홍시웃음
자꾸 웃어댈수록 더 개 우사시키고 있나니

껑뚱대는 꼼바리한테 들켰다
— 바다에 쓰는 시 · 37

　내만 보면 잘 우는 뒷집 우내미 하고 잘 털어대는 꺼끄러기와 야발쟁이와 꼼사리가 즈거 집 부엌 아구지 넝마 춤을 넘보다 꼼바리한테 들켰다. 에라, 에라! 아서라 어설프다 결국 농바리에 업히다가 엉덩방아 찧는 비라리 꺼병이 것탐, 수북이 챙기는 어벌쩡한 껄떡이 앞에 섰나니 그래도 꼴값한다고 퇴짜 준 껑뚱거리는 황토방의 무성세대無性世代 내왕간 하다 꼬리치에 넘어지면서 꼭지 미역귀를 붙잡을 때 치켜든 업숭이 꼬박이가 께끄름하다고 하다 콧소리로 소 뒷발질에 장독들만 깨지는 소리 고것들도 마뜩찮다지만 꼼치, 꼼치 하면서 야금야금 곱씹어 꼴각 잘하는 꼼꼼쟁이까지 싸잡아 업시름 하는 것 꼬깃꼬깃 꼬김살이 된 꼬랑지 신세 아들 손자 능갈치가 챙기는 데는 끝내준다 아이가! 서포西浦* 선생도 받아보지 못한 호족반虎足盤 칠첩반상에 무물부존無物不存*하는 꼴 좀 봐라. 아! 껄떡이 지 배때기 못 채운 넝마주이처럼 지질이 지럭거리는 저 근성 비럭질해도 심덕 하나만은 좋다 카이 아서라, 아서라! 하더니만 결국 들켰네라 칠실지우漆室之憂*는 고사하고 무세지無稅地산불 낸 놈한테 자네도 따돌림 당했네라 분칠에 넥타이핀 꽂고 옥상탁론에다 표략剽掠*질 무소불위하는 어중간한 아이들은 어이, 어이! 또 어찌 할 건가, 또 천다기휘天多忌諱*하면 눈감아질 건가?

＊西浦 : 김만중金萬重의 호.
＊無物不存 : 없는 물건이 없다는 뜻.
＊漆室之憂 : 제 분수에 맞지 않는 근심.
＊剽掠 : 을러메거나 협박하고 강제로 빼앗음.
＊天多忌諱 : 하늘아래 꺼리고 피할(諱) 것 많다의 뜻.

숨기는 자의 보이는 얼굴
— 바다에 쓰는 시 · 38

그의 실수는 마스크에 감기처럼 감춘 채
헛웃음마저 목발에 하얀 붕대로 감아 짚고
다니면서 자기는 신원특이 자가 아닌 양
아무데나 맨 앞 쪽에다 사진 내걸고
은근히 우쭐하는 딴 생각의 낯가죽 두꺼운 짓을

콧구멍은 저녁굴뚝 연기 같은 감성만 토해내지만
해감내 나는 갈맛조개처럼 물을 쏘는 괘씸한 본성
뽀드득 깨무는 어금니에 씹어대는
이상행동異狀行動*에 넘어지는 정나미가 뚝
떨어진 맨바닥 욕설 다 처먹는 것 봐도
누굴 하나 입 들고 나서지 못하나?
되레 왜가리 떼가 가가呵呵 웃으며 되묻고 있잖아

훌쩍훌쩍 김치국만 마셔온 거시기
거부지기들아! 온몸 부스럼 나도록 현혹에
헷갈려 손뼉만 자주 쳐주면 목적하는
만족감 스스로의 위안이나 되겠는가?
기물자기奇物滋起*하여 편 가르기만 하면
시원한 사디즘이나 되는가? 그거, 그거는

제발 자기의 외침이 분명 아님을 너무도
자신은 잘 알면서 초라해지는 그대들
눈빛에 내가 화끈 화끈거리나니 허허!

* 異狀行動 : 영어로 retrospective falsification이라 하는데, 과거의 기
 억을 적당히 자신에게 유리한 방향으로 조작하여 기억했다가 그것을
 경험했던 것처럼 거짓말을 하는 병적인 증상.
* 奇物滋起 : 기이한 물건들 더욱 생긴다는 뜻.

숭례문이여
— 바다에 쓰는 시 · 39

숭례문崇禮門을 잊을까 걱정해서니라
괜히 뽑는 괘卦는 곤坤이라 권력 잡자마자
대학담론인 광희문 수구문 주체와 타자의 공존
말살 위기 촉발임을 몰랐다니 원… 원! 원래
남쪽 향한 언덕 위에 본채가 말말을 버렸어

남쪽 남대문 낮 한여름을 불 고추장에 발라
굽다가 앗 뜨거워 손짓하는 고추잠자리 고추 잡고
하르르 날수록 발개져 치미는 화火바람으로
먼저 술값 내는 삼십대 청년 심장에 불 놓다
방기한 만큼 검게 타버린 심장, 국보 제1호여

붙잡고 애통해하는, 거대한 검은 눈물방울 소리
상복차림에 참벌들이 금강 송 서까래에 엉켜 붙어
물 한 모금 앗아 달라고 외쳐대고 있어
연못부터 파라 파락호들아 파라
투명하고 예의 바른 지식 붉은 금붕어들이
뜨거움에도 헤엄치면… 불은 물이 되나니

우리의 끓는 피 창창히 뻗어갈 수 있도록
즉설 주알 아제 아제 바라아제
바라승아 제 모지 사바하… 반듯하게
살아있는 해치獬豸가 나를 향해 화화火花
호호浩浩 예언만 하고 있어… 있네그려!

독도는 분명히 대한민국 땅이다
— 바다에 쓰는 시 · 40

참을수록 어리석어 말까지 어눌해서
몰짝하게 착각하는 기만을 벌써 나는
물머리 앓는 소리 짚고 짚었니라
새카만 우리 눈동자여,
독도는 분명히 대한민국 땅이네.

시방 또 무슨 짓인가
그간에 물 어우름에서 뻔히 오래 전부터 키워온 강치, 고래들 예부터 우리나라 허락 받아 포획하다 격동하는 파도를 손에 쥔 을사늑약乙巳勒約을 기화로 얼씬도 못하게 작살로 우리 눈알 찔러두고 땅 짚어 헤엄쳐 땅따먹기에 교묘히 되말리도록 널름 구슬 삼켜버리 듯 그네들의 죽도竹島라고 기만하여 온 '가지도'는 알고 있다 눈감고 더듬어도 손에 잡히는 뜨거운 피 도도히 흐르는 우리 기상 피눈물 터진 이 외침들의 눈알 언제 아물 것인가.

지금 어디 있느냐?
깨꿍스레 손전등만 켤 땐가 그동안 샛바람 가오리연에 용만兀漫만 되 날려 온 어리석은 사공들 허공에 뜬 돛대만 멀건이 바라보게 하여 뒤척여온 도르래 줄 느슨히 잡은 채 첩

첩 산중 아우라지 물줄기꺼정 거슬러 삿대 하나 제대로 못 짚어온 너울멀미 이제라도 가다듬어야지. 한 치의 땅이라도 우리의 예지와 끓는 피로 철통같이 당연히 지켜야 하는 우리 땅 독도를 대한민국이 옛날부터 실효적인 지배의 모든 근거 강탈한 내력마저 온 세상이 알도록 널리 알리고 당당히 우리 영토임을 밝혀야 하리라. 소스라쳐 출렁거리는 목마른 파도소리를 물보라와 갈매기 떼 아우성만 찍은 사진들이나 배달하는 체! 체머리 흔드는 가마우지 새에게만 맡길 수 없다면 피눈물 터진 시퍼런 우리 생눈 백주에도 뽑아가겠다는 약탈근성을 용납할 수 없네. 오직 강철로 빛나는 우리 눈동자 되찾아야하리. 그럼에도 불구하고 한반도 깃발에 왜 독도를 힘없이 지우면서까지 통일 부르짖는 이율배반 스스로 큰 잘못을 저질러놓은 대오각성하지 못한 통분이여!

제4부

해우소에 앉아 있어도
— 바다에 쓰는 시 · 41

그래도 먹성 좋은 편인데 살아 갈수록
자꾸만 갈증 나고 허기가 드는 것은 해마다
비바람소리 때문일까 올해도
음력 칠월 스무 사흘 날 새벽 눈부신 늦달 걸린
아파트만 쳐다보고 삿대질하다 또 속았다
갑자기 오랑캐가 먹어치우면서 흘리는 피처럼
아주까리 이파리에 뚝뚝 떨어지는 시커먼 빗방울
한바탕 양철지붕을 걷어내듯 호랑이 장가가는
비 타작인줄만 알았더니 개기일식이라

아직도 근심 푸는 곳에 앉아 있느냐?
다행이다 팔백㎜ 똥창만 훑다가 벌써
상여꾼 없이 피울음 싣고 거룻배마저
떠내려간 줄도 모르고 싸잡아 하신
어머니말씀 딱 맞았네라
'예 끼 이놈들아! 훔쳐 먹는 것만 알지
대가리 통은 팍 썩어버렸어' 많이 먹어도
갈증 난다는 유근취골柔觔脆骨*
바로 여기에도 있었구나

*柔觔脆骨 : 힘줄은 여리고 골격은 무르다의 뜻임.

아는 체하는 놈 알고 보니
— 바다에 쓰는 시·42

되떼기 안 해사도 코 베어 먹는 세상에
어림잡아 챙길 것 어디 있냐마는 맨 날
쓰러진 고추 대나 만지면서 솥뚜껑으로
자라 잡다니! 해 넘기기 잘하는 네놈이
또 위선으로 훔쳐 먹겠다는구나
저놈이 남의 눈치 꺼정, 그래 방구석에
큰 대자로 누워보니 느거 집인 줄 아나?
서까래 세어보면 몇 개나 되더냐

둔건屯蹇 내세워
개 밥그릇에 남은 것마저 훑어먹고
다닌다니! 니 에미 오죽해서
신 둘러 가도 결국 애타 죽었겠느냐
바늘 쌈지까지 웃었다나? 어이!
훌쩍이는 국밥 천신아 애달프다
더럽다 너 신세 보니
이거야 내 신세 꼴 아닌가!
그래도 예삐가 니 손목대기라도 잡고
개 구석에서 거적 떼기 덮어주던 거
알기는 안다니 다행인기라

까발린 네놈이 내다보이는 짓 네 눈에는
말짱 둘러대는 말에 떵떵 큰소리나 치나니
네 한테는 버겁다 싶으면 끝내주는 저
살살이 굽실거리는 하리쟁이 봐라 그만 탁!
어그러트려버리고 싶은 협잡꾼아
그러한 앞잡이 노릇 요새는 모니터나 하는가?
그것이 간장 된장 반장이냐 쎄 빼어 직일 놈아
저놈이 연중에 아랫담 마실 마바리꾼 아이라?
그래도 이 동네 유지라니! 도랑사구 테 맨 놈아
느그 동네 마목, 마목麻木이고 말고 아이구야!

편복지역蝙蝠之役*이 무엇인지 아느냐? 그거
다 너 소치다 아무리 간艱*풀어도 네가
내 보고 발호跋扈하다니 예에끼 더러운 놈아
그래서 너 이름이 모래강생이구나
무식이 아는 체하는 놈치고 들통 안 나든가 암!

*蝙蝠之役 : 자기의 이익과 편의에 따라 이리저리 붙었다 하는 기회주
의자를 일컫는 말.
*艱 : 어려움이나 괴로움을 뜻함.

사돈 찾고 친구 찾는 까닭
— 바다에 쓰는 시 · 43

들키지 않아 콤콤한 뭉치들
냄새나는 기둥마다 끊임없이 덧칠하는
그 독한 똥물 보니 독충들이 지나간 얼룩

뻔뻔한 놈 낯짝에 한바가지
퍼붓고 싶어 작대기로 휘저어 놓고
침만 삼켜온 똥통들 시키면 똥들이
끼이고 있는 이빨 버금을 긁어내고
수십 번 씻어도 황금빛 손톱 자랑하나니

그 독으로 찔러 누르고 침 발라 셈하는
배추 돈 좋다고 앞발 비비듯이 저어
똥파리 웃음소리 윙윙 비비韛屁*

동대문 시장 타면자건唾面自乾* 배추시래기
주어다가 잘 끓인 해장국 집에서는
그래도 연중에 사돈 찾고 친구 찾는다니!

*韛屁 : 허풍선이 방귀.
*唾面自乾 : 남이 얼굴에 침을 뱉으면 마를 때까지 기다린다는 뜻으로 '인내심'을 말함.

하리쟁이*
— 바다에 쓰는 시 · 44

흉 안보기 하자는 입 망태 요오 년놈들아
오지게 털어 넣다 입 터지는 것 예사라니?
죄 있는 놈이라도 우선 눈 딱 감아주고
때 찐 사타구니만 긁는 것 봐라
눈감고 덩달아 웃는 그것이 며칠이나
가겠느냐 네이 년놈들아

복장을 잘 써야 속이 안 타지
편해 질 줄 알았더냐? 갑자기 먹다
남은 술을 상대방 얼굴에 퍼붓기까지
그것도 모자라 얼굴에 침 뱉기까지
하는 하리쟁이 네이 년놈들아
목구멍에 넘겼다고 삭은 줄 알았더냐!

돌려세워놓고 쟁쟁거리는 뒷소문에
헛발 헛디딘 발목 뼈 성할 줄 알았더냐?
어시장 돌고 도는 아지매들 손가락질에도
또 막무가내 이간질로 부추기다 뛰쳐나온
숭어뜀에 엉뚱한 물통 가리키고 오히려
성호사서城狐社鼠* 빗대는 자기벼슬

청직 내세운 네이 더부살이 년놈들

싱글벙글 헛웃음 치면 탈나는 저울질
얼버무리는 저 주둥아리 고것들이
기사인가寄死人家* 아니든가

*하리쟁이 : 남을 헐뜯어 일러바치기를 일삼는 인간들을 얕잡아 일컫
 는 말.
*城狐社鼠 : 간신의 무리나, 권력에 기대 사는 무리를 빗대는 말.
*寄死人家 : 남의 집에 얹혀살다 죽는 것.

편두통에는
— 바다에 쓰는 시 · 45

그물에 잡힌 생선을 싣고 먼
들판 길을 가로질러 달려오는
물고기차는 퍼덕퍼덕 뛰고 있어

약간 물이 간 것인지? 목쉰 확성기로
퍼 넘기고 있어 헐값에 미륵산 아래
무 밭골*사람들 중에 손 큰 아내가
몇 마리 사온 풋 갈치 척척 자르고 있어

애호박 썰고 다지는 조선 파, 생마늘,
조선고추, 생강, 연뿌리 들큼한 양념들과
햇살을 듬뿍 넣고 끓이고 있어

 한 번씩 도지는 편두통에는 따끈따끈한 매운탕에 소주로 목구멍 지지듯이 세상이 꽉 뚫리도록 목구멍에 걸친 개우렁 쉥이여, 파도소리가 쿵쿵 찍어 상아뿔다귀 만들고 있어 혀가 파도치는 이런 날엔 또 바른 말 한 마디 하면 어찌 퍽퍽한 비피후육肥皮厚肉* 뽐내던 그놈만 죽겠나!

*무 밭골 : 경남 통영시 봉평동 봉수 골을 예부터 무가 잘 자라는 땅이라 하여 일명 '무 밭골'이라고 일컫고 있음.
*肥皮厚肉 : 껍질은 두꺼워 비계 덩어리고 그 속의 살마저 퍽퍽해 아무 맛없는 무미건조한 글을 뜻함.

소쿠리야
— 바다에 쓰는 시 · 46

무당거미 같은 흙소쿠리 거름소쿠리야
고무풍선을 담아도 한 소쿠리 안 되는
소쿠리야 출출거리는 소탈疏脫 다 빠지는
땅에 잦은 빗소리 묻은 소 울음소리 폴폴
날리는 먼지만 둘러쓰고 혓바닥 내미나니

내갈기는 물똥 냄새 긴 한숨 싣고 다니는
논밭에 피 뽑기 핏대 아파트 숲에서 새참 찾는
자장면 허기 문드러지는 수박 참외 주먹으로
달래나니 그래도 어둠 한 구석에 퍼다 버리는
소쿠리야 어찌 그런 거는 눈 흘기나

미치것다! 너만 믿어온 소쿠리야
비바람 부는데 그건 어쩌자고 그냥 내버려두고
소쿠리야 막다른 골목까지 쫓겨 온 독도바다마저
투명그물에 멱살 잡힌 채 끌려 다니고
뻔음이 뜰 채 잡은 펭귄들이 피아노 치는
숭어 전어 떼보고 손뼉 치는 거 뭐꼬?

도살장에 가는 달구지도 달구 똥 같은 눈물
흘리다가 헤헤 웃는데 헛간에만 뒹구는
거부지기 담는 소쿠리야 요새 누가 느거들
보더냐 빈 고무풍선 잡고 웃는 소쿠리야
맞장구치던 장사꾼 삐죽이야 니 입 좀 봐라
(기러기 울음들이 술잔에 떨어지는 저녁에 쓰다)

네거티브 벗바리들
— 바다에 쓰는 시 · 47

어거지들이 단호한 말들을 멈추게 하네
이끌림을 되풀이하여 순식간 번지는
'보편적 환대'들을 파동 치게 하네
독사눈빛으로 쏘네 스토킹 하는
좀비언어들마저 긴장감으로 몰이하는
그물망 펼치고 있네

분기점이 보이지 않도록 그어진 경계점을
황칠하기 시작하네 설법의 사리그물에
걸리도록 하네 잡어 떼들이 파닥 파닥거리네
제 성깔에 나자빠지게 맞춰놓고 보란 듯이
나눠 갖네 물만두의 팩션*들로 치켜든 채
르 상티망(怨恨)횃불을 흔들어대네 파삭
파삭해지도록 뒤안켠 솔갈비 밟고 뛰고 있네

거시기가 광포하는 그곳을 탈주하도록
웃어대고 있네 한시도 속이지 않으려고
근질근질한 자네 말 모르는 체 하네
네거티브 벗바리들이 무계지언無稽之言으로
짓눌러대네 사이코 혓바닥을 닦아내도
한가운데에는 백태만 끼어있네

*팩션faction : 여기서는 사실과 허구를 말함.

꼬리지느러미들이여
— 바다에 쓰는 시 · 48

물 위에 떠다니는 해파리처럼
유유자적하는 그 허망 사이 휘둥그레 한
눈알 눈뜬 채 잠 붙이는 불안한 물고기들
투명한 꼬리지느러미로 보살수행 하고 있어

헌데, 너네 굴리는 눈망울 볼수록 궁금해지는
질문이 굽이쳐 오고 있어 아직도 그물코에는
너네목숨들이 부지하지 못하여 당장
이 시간대라도 조금 달라진 자존심의 은신처
어디에 사는가가 문제네 너네의 꼬리지느러미
설령 외딴섬 묵밭 같은 그 구석진
바닷말 숲에 기생하는 삭거素居를
탓할 수야 없는 거 잘 알고 있어

떨리는 턱주가리 실랑이 물살에
쌍꺼풀 눈깔의 불안이 경악할 만큼
방어한다는 것이 고작 꼬리 휘젓고 도망치다
떼쓰기로 기차게 낚아채는 것이 문제,
문제라니까! 으 하하! 결국 너네 갖고 있는
가시들로 하여 너네주둥이와 대가리와
모가지와 지느러미가 파닥이도록

생포된다는 것은 그리 깨운한 것이 아니어서
처절할수록 포식자들은 본능의 그 이빨로
그걸 선호하고 있어

그 거센 아홉 물살 통발그물에도
비장한 그대로 포획된다는 모순을
고발해도 멍한 모두들 바보라고 멸시당하는
그대 고통 같은 이들도 있어 너네는 모르지만
낙심할수록 잘 보이는 꼬리방향은 선명하여
야들야들한 물 때가 너네안살 파란 빛깔로
마주치고 있어 그대 좋아하는 자들 위해
진화를 꿈꾸지 않는 유전병도 있어

전부를 위해 순교정신에 감사하는 무리들
무지한 원형질이 너네눈깔에서 빛나고 있어
바라보고 기뻐하는 물살에 꼬리치는 감성
유영할수록 나눌 수 있는 무한한 반복
열어 놓고 사는 섭생으로 보시하는
바로 그대로 점지 받은 이 바다동네를
가꾸는 것도 너무도 소중한 생명력 아닌가!

그 치솟고 펄떡펄떡 뛰는 어시장을
둘러보는 순간 눈물은 퍽 무거워 떨어졌어
그대 젊은 날을 밝혀온 쌍꺼풀이 정지된
그곳 바다마저 흥건한 채로 밟히고 있어

강한 자의 손가락으로 들창코 후벼 파면서
실컷 칼끝 피마저 핥아대는 혀 보고
밀침이 솟구치고 도저히 참을 수 없어도
좋다는, 출출해서 너네속살 맛은 잊고
지지고 볶고 한 생애 칼질하기 위해
생선 칼 잡고 참수해 보지 못한 것을,
죄로 다스리지 못한 것들을 회오할까?

그러나 너네본심은 참으로 야비해…
너네가시 뼈마저 추려 빨아대고 쉬어가면서
핥았으니 말이네 그럴수록 그리워서
헤엄쳐오는 너네꼬리지느러미물살은
왜 보여주지 않을까

환몽이 아닌 내 눈 안에서 앞잡이 살살이로
몸 비틀며 흔드는 것은 도저히 볼 수 없어
잡식동물인 내가 사후에 너네 만나게 되어있어

지금 그것마저 깡그리 잊고 당혹하는 때도
더러 있었다고 장담하겠어 솔직히
말해서 죄는 지은만큼 갚아야 하니까

너네는 날렵한 성미 갖춘 승자의 생명 앞에
항상 물고기 반찬이라는 패배감은 버려야 해
자포하지만 너무 고지식하다 할 수밖에 없어
그때 가서야 알겠지만 신신당부하여
울대에 박힌 가시 뽑아 주어도
그때뿐이라는 걸 그 아홉 썰물은 알고 있어
옹졸한 눈알가시 뽑아도 녹내장되기까지
옹졸, 옹졸하고 숫된 너네물살과는
엇비슷하다니까 아직 승자와 약자 사이에서도
자꾸 가시등지느러미만 내세우는 것은
고지식한 버릇 아닌가 이제부터는 걸어 다니다
드론으로 날아야 하는 부탁이네
인간과 동승, '우리은하(The Galaxy)'로
비행해가면 더 살 수 있어 부디 학수고대하는
그대 진화를 위해 잊지 말게나… 제발
보살수행 그 간화선看話禪은 믿지 마
마마! 꼬리지느러미들이여

헛간에 숨는 그림자들
— 바다에 쓰는 시 · 49

요새우편물 내용을 지체 없이 뜯으려
하다가도 날름거리는 두 개의 혀에
머리를 치켜드는 머릿속의 뱀들이
순간 긴장하고 있어 요리조리 발신자의
주소와 이름 살펴봐도 낯설어
뜯으면 폭발할 것 같은 불길한 예감

꾸물꾸물 한참 망설이다가 조심스레
편지는 귀를, 소포는 허리끈을
가위로 잘라보고 있어 그야말로
박 타던 놀부처럼 나자빠졌어
화장지 없는 뒷간에 숨은 도둑놈들
똥바가지 둘러쓴 채 뛰쳐나오나니

비위 약해 토악질하면서 그래도
돋보기 쓰고 살펴보면 죽은 구더기들
취청비백取靑媲白*들이 굼틀 기어 나와
엇비슷 실타래로 웃고 있어
손등으로 징그럽게 기어오르고 있어

*取靑媲白 : 푸른색을 취해 흰빛을 잇대 무늬가 곱고 아롱져도 실다
운 이치는 찾기 힘든 글.

자네 만년필 이야기 아니야
— 바다에 쓰는 시 · 50

요새 시작 할 만한가? 뭘요?
쓸 만한가 말일세! 누구를 쓸 만하다는
말이요? 아니 글쎄 글 쓰는 소문만큼이나
쓰냐 말일세. 그런 글 안 쓰~쓴다고

허어! 자네 잔뜩 화난 모양이네.
자네 만년필 이야기 아니네 시, 시시한
그것 쓰느냐 말일세.

무슨 말인지 말발굽소리도 나지 않는
공원 잔디밭 흙만 뒤집혀놓는 거드름만
피우는 자네 마실 골목마다 또 내갈겨
저린내 나는 그런 거 애들끼리 그것 잡고
시시 오줌 살 겨루기나 하는 도깨비
신발 모자 바꿔쳐 재롱 피우게 하다 서로
달아주기 어미 아빈들 심한 불장난으로
밤에 또 오줌 싸도 쳉이 씌워 마실 돌리며
소금 얻으러 보내지 않고도 감싸주는

요즘 시시 하려고 하면 샅바부터 채워주는
살짝 엉덩이마저 때려주면서 끼리끼리 모이면
집안자랑 개옻나무 밑둥치에 시시하고 있는
자네 시풍詩風 말일세.

내 콧대에 앉은 변명
— 바다에 쓰는 시 · 51

눈감긴 저 엄살의 뒷전으로
날아온 똥파리 찻잔 끝에 앉다가
난다 내 입술에 붙는 실수를
실수치 않으려고 내쫓는
손끝에서도 빠져 날고 있다

언제 이마로 날아왔는지 실망하는
내 눈빛을 막고 앞발로 비비는
야비함을 들춰 고발하고 있다
통시 앉은 방뎅이 흔들어대는 윙, 윙
마침 내 콧대에 앉아 잘 돌리는 머리

어리석게 보이도록 통시에 놀던 손발
비비면서 코 안의 불편한 진실을 코끝에다
써 내리는 기만, 아! '그찌예' 라고 에둘러
코딱지 떼는 소리… 손닿기 전의
날카로운 지적에도 자기는 전혀 아닌

옆 사람의 머리카락에 앉아 오히려
쳐다보면서 보지 않으려는 눈만 굴리는

구태의연한 몸짓 그만한 본 말은
잊어버리려고 천정에 붙었다 한 바퀴 도는
윙윙 콧방귀 윈, 윈 진술하겠다고?

깨끗한 백지를 찾지 않는가!
헌데, 언젠가 파리채에 횡사橫死할
자신인 줄은 진정 알고도 모르는가?

독도여, 우리네 깃발 초요기招搖旗여
― 바다에 쓰는 시 · 52

이른 새벽 첫 연기 지펴온 우리네 아궁이여
오천년 역사이맛돌 좋아 만지는 우리 이마여
우리 거울 볼 때마다 꿈틀대는 복사마귀여
우리네 혈맥 짚고 힘차게 비상하는 불사조여
하늘 펄럭이도록 이글거리는 검독수리 눈매여
우리 등뼈에 박혀 반짝이는 초요성招搖星*이여
우리네를 끊임없이 펄럭이게 하는 초요기여
우리가 우리 눈빛 서로 살펴주는 예언자여
깨문 무명지 핏방울로 용솟음치는 우리 영토여!

수많은 날들 들먹거려 온 파도혓바늘 가시
뽑아주며 껄끄러운 한낱 바위섬은 분명 아님을
지금이라도 EEZ를 무효화하라.
조업 중 어쩌다 경계선 위반이라 해도 감히
우리네 귀한 생명 짐승처럼 마구 구타하다니…

손발톱이 빠지도록 멍든 피에
입술 하얗도록 팍팍 태워버린 모순덩어리들
너울 탓이라니? 여태껏 굴욕적인 입방아만
찧어대는 불씨 된 독도 확실히 우리 땅인데도

그럼에도 불구하고 침탈하던 만행 이제
노골화하여 껄껄 혀 차면서 합리화시키네
지구촌의 비웃음에도 왜구들은 참으로 교활하고
비겁하게 함부로 씨부렁대는 견강부회하는 몰골

이제는 더 이상 굴욕을 참겠는가? 겨레여
모두 똘똘 뭉쳐야 지킬 수 있네
충무공 이순신 장군의 지과도止戈刀를
갈고 닦아야 하네
일제식민치하에 끌려 다니던 피투성이 굴욕
치가 떨리지 않느냐! 우리 선대들 통분을 지금도
잊었느냐고 표충사비석이 눈물 흘리네
사명대사의 땀방울 눈물이 준열하게
꾸짖는 이침을 듣고 있는가 안 된다!
절대 안 되나니 저 펄펄 들끓어대는
우리네 동해바다 생동하는 우리네 혈루
아! 독도를 우리가 방패 되어 철통같이
지켜야 산다는 힘을 뭉쳐 다지고 다져
난공불락의 성채 지킴이 초요기 되자꾸나

'불타는 얼음(메탄하이드로이드)'을 비롯한
무진장 보물이 깔려있는 바다 속
한 치의 땅도 물러설 수 없네
경주석굴암 부처님의 미간에서 빛나는
우리 동해를 지키는 우리의 자존심 아
일찍이 구국일념으로 왜구와 격전할 때마다
이십 삼전二十三戰에 이십 삼승二十三勝한
충무공 이순신 장군의 호통 치는 천둥소리와
번쩍번쩍하는 번개가 우리네 온몸을
담금질 담금질하고 있네.

그러나 나라가 망국할 때마다 비탄함을
오히려 핥아대며 살찌는 똥개무리들 있나니
바로 아유구용하는 간자들 분명히 있나니
매국하는 놈들의 종자는 씨를 말리고
불태워야 하나니 이보다 먼저 우리의 살길은
오로지 대동단결된 국력뿐이네 빈틈없이
저 스위스 나라처럼 부국강병책만이 사는 길임을
자손만대에 심어주어야 하나니 잊지 말라

절대 잊지 말라 경각심으로 반짝이는 저
초요성 눈매 봐라 유비무환의 초요기여
우리들을 펄럭이게 하고 있나니 애절하도록
우리의 기상 불러일으켜 독전하는 깃발이여
독도는 우리 땅이라고 만천하에 공표하고 있나니

*초요성招搖星 : 옛날 초요성을 깃발에 새겨 군대의 기로 활용하였는데, 이것이 바로 초요기招搖旗다. 초요기는 군대에서 싸울 때나 행진할 때 대장이 장수들을 부르고 지휘하던 깃발인데, 충무공 이순신의 『난중일기』에도 초요기(초요기는 덕수궁 궁중유물전시관 소장 참조 바람)가 나오며, 조선왕조실록 중 『세조실록』 39권을 보면, 세조12년 07월 12일 신사辛巳조 병조兵曹에서 일 년에 한 번씩 제작하는 군기軍器를 상정詳定한 기록내용 중에 표기標旗의 형태가 있다. "군기사軍器寺에는 향각궁鄕角弓 07백40장張, 녹각궁鹿角弓 05백장, 착전錯箭 08백80부部, 마전馬箭 01천5백부 통전筒箭(1부마다 통이 01구이다) 05백부, 신기전神機箭 01천4백부, (중략―필자) 대장초요기大將招搖旗 01개, 위장초요기衛將招搖旗 05개, 부장초요기部將招搖旗 25개, 유군장초요기遊軍將招搖旗 05개(하략―필자)"의 기록에도 북두칠성이 새겨져 있는 초요기招搖旗가 나온다.

사인검四寅劍 칼날 그리워
— 바다에 쓰는 시 · 53

 지금 우리 마시는 물이 시계 반대방향으로 돌고 있는 북두성이 갖는 물임을 이제야 그 내리천 물소리 이치를 만나는 반가움이라. 하여 보다 안심으로 모여든 입 모으면 배만 띄우겠느냐. 함께 흐르면서 닿을 곳에 닿는 밧줄 잇댄 물줄기에 때론 복받쳐 하! 우리네 천둥소리를 녹여 다시 만든 징소리 혼불에 담금질하며 북소리로 길들여온 뚝심 왈칵 쏟는 투지력 바로 그거네. 한바탕 희비를 섞어 펄펄 끓어대는 쇳물 가슴 후려쳐야하다 뿐이겠느냐!

 건져 올린 서기瑞氣 다듬다 인의仁義와 용맹을 더욱 강건토록 번뜩이는 그러한 우리네 기상 칼날들 공분 앞에는 명명백백히 밝히기 위해 인寅이 든 해에, 인寅이든 월일에, 거기다 양기가 가장 왕성한 상인일上寅日인 첫 번째 인시寅時에 달궈 뇌성과 벽락으로 두들기고 검정 자갈 물린 소금물에서 포효하도록 반복 담금질…또 두들겨 다듬고 다져 수십 번씩 다시 담금질하나니 본디는 별에서 흐르는 물이 넘친 혈혈血血 용솟음 그 핏방울에다 검결劍訣마저 새겨 언제나 충천하는 임전무퇴, 일편단심 당당한 필승을 북돋아 왔으니 충무공 이순신 장군의 지휘 검에 새겨져 있는 '바다에 맹세하니 어룡이 감동하고 산에 맹세하니 초목이 안다〔誓海魚

龍動盟山草木知]면, 수중독야守中篤也* 구국일념을 가슴에 새겨 보았는가? 오직 임을 향한 일편단심으로 언제나 머리맡에 둔 오! 내나라 내 겨레의 번뜩이는 정신이여. 어디 충무공 이순신장군의 기개뿐이었으랴!

그러나 한때 잠시 눈이 어두워 굽어진 내력 사씨남정기 謝氏南征記를 읽어본 자네는 잘 알고 있지 않는가! 마음 깊이 새겨둔 그 칼날 절개도 무색하여 두 동강이 나고 이빨 이쑤시개로 내던진 벽사용癖邪用으로 전락되었나니 벌써 죽어야 할 놈은 죽지 않는 세상에 치사스럽게 구두끈마저 낡아도 배때기만 더 내밀며 '나는 아니다'라고 버티는 구용구구狗容苟苟…보아라. 인시寅時에 일어나야할 사람은 늦잠 들었고, 꼬리만 흔드는 똥개들이 낯부끄럽게 앞서 일어나 간데 족족 뼈다귀 물고 흔들어 잘 차린 개똥 차반에 이미 포식에 길들인 그곳은 사람들은 보이지 않구나!

시커먼 뻘구덩에 처박힌 혀 자랑만 갈증 나서, 입은 헤 벌레 침만 흘리면서 벼슬자랑이라면 허어! 그건 희멀건 한 닭벼슬 아니더냐. 한참 모자라도 모자람뿐이겠느냐! 사인검四寅劍 쥔 놈은 서포 선생보고 실눈으로 웃어대며 콧방귀 끼지만 저 능청만 봐도 어찌 살았는지 짐작하고 남음이 있느니라.

*守中篤也 : 중심을 지키면 도탑다의 뜻.

제5부

딸꾹질 소리만 들려
— 바다에 쓰는 시 · 54

도움이 절실한 나에게 다가온 사람은
담배 한가치 입에 물고 술에 취한 그 사람

피할 수 없어 고개 숙였을 때
껄껄 웃어대면서 내 분노마저 빼앗나니

혀에 박힌 독살 내뿜어대고 있어
간밤부터 세찬 풍우로 퍼붓는 욕설

무 당근 생선들 제 몸끼리 비틀어대고
추스를수록 쏟아내는 토악질 냄새

먼 바다 너울마저 다가와 혀로 핥아대게
빈정거리고 있어 자네가 늘 억울할 만큼이나
양다리 걸쳐놓고 적당히 노려보는 헛트림질

실속은 다 빼먹고도 준 것 없이 가리 나서는
자네의 기만으로 야비하게 둘러대는 위선
등 뒤에서는 또 한 놈 시키먼 눈초리 빌려

겁박하려 하는 바로 저 엎어뜨리는 술잔들
더 쓰린 오장육부에 들어붓던 술맛
이제는 미석 미석거리는 암 병동
중환자실에 누워 내 웃음으로 위로받아도

용서는 이미 겨울 오기 전 생장작마저
다 타버린 뒤였어 도움이 절실한 지금은
그대 딴소리의 사래든 딸꾹질 소리 때문이네

허허허
― 바다에 쓰는 시 · 55

허허허! 사실은 남은 꼬리마저
다그치다 다 타버려서!… 염색하는 건
검디검은 머리카락 때문이야
목구멍으로 길어진 손가락 넣어도 넘어가
꺼내지 못한 황당한 농락만큼이나
최면술에 걸렸어 맥도 못 춘 채 고개 숙인
자존심 업그레이드 해봤자 승부 건 대결
그래 원 샷은 돼? 된다면 아니~
야, 누구나 환불요구 못하도록 한
따로국밥이야 아야! 그 집에 가면
 뉴 프로그램에 빨려드는 깜박깜박
램프 불이~야, 깜박 잊지 마 말에
올라타지 마 마 방귀에 방 구둘 내려
앉~아 야! 갈 때는 갈근차나
마시게 나 말하자면 바닥 치는 파이토털
미소에 넘어가는 오버센스에 흥분하지 마
거기다 산삼주식 산 줄담배연기는 출출한
주민등록번호에서 빠져나와 도망치던
둘레둘레 찾아봤자 텅 빈 손만 들고

서 있는 이미 낡은 아웃도어브랜드 출시~야
도로 구겨 넣지 못한 그러한
택배 포장들이 이제는 최신 쇼핑몰
트렌드 메이크업제품이~야, 술술
입술도 녹는 생크림들이~야,
빨면 달콤해서 더 불면하는 굴뚝연기도
꺼진다야 활인매장 저 핏방울 전栓에다
펴는 장수애비들 아우성의 촛불이~야,
피하듯이 종종 걸음에도 귀신 잿밥 먹는
졸곡이~야 실은 자네도 보청 귀때기에다
안경 걸친 허깨비 야!
우리 가아가 그러는데 이젠 걸려오는
보이스피싱 전화 받지 마라카이
마라카이 와이카노… 허허허…!

강생이도 아는데
— 바다에 쓰는 시 · 56

문득 자주 떠오르는 것은 뚝 끊어진
이 마을의 도랑 물소리네 이제는
할딱대는 개 혓바닥 침액으로 맛보네

윤기 있던 내 지문 모양대로 잘 흐르던
식은 땀방울까지 복개하여 넓은 길
집 앞까지 거머먹네 그날부터 간바우골
물소리마저 에둘러가다 썩어 나자빠지네
몰골이 질주하는 덤프차 먼지에 휘둘려
쪽 팔리는 똥돼지 국밥집 보신탕집 생겨

들어서다보니 양복쟁이 앞세워
삭발하지 않는 중놈들이 살짝 들락거리는
밤낮 없이 개짓는 소리에 불면증에 걸린
바로 뒷집 그 여자, 개 눈알 구를 적마다
허벅지 살 실룩 실룩거린다네
물리지 않았는데도 무슨 소리냐?

아무리 야랑자대夜郞自大*해도 권불십년쯤은
강생이도 옹알대는데 짓짓이 딴 짓거리들에
먼저 알고 꼬리 흔들며 짖는 강생이도 아는데

---

*夜郞自大 : 우매한 무리 중에서 가장 세력이 있어 잘난 체하고 뽐냄
 을 비유적으로 일컫는 말.

초소가 있는 그 섬을 지날 때
— 바다에 쓰는 시 · 57

팔자수염 그 더듬이로는 무서움을
이기지 못한 검붉은 불꽃이 마지막으로
나를 노려보고 있어 어둠 속의 이념들은
반역하는 손가락질에 떨고 있어

회의懷疑 한 가운데를 서치라이트는
여러 번 겹쳐지나갔어
그 섬의 초소가 보이지 않는
사정거리 안에서 잡혀 올라온
'통구미물고기'가 공연히 쓰러져
기회를 노리고 있어 갑자기 밀치는
썰물에 펄떡 뛰더니 빠져나가
멍텅구리 배에 올라타고 있어

아무탈도 없는데도 번갈아 보는
어부는 어이가 없는 불안을 느끼고 있어
더군다나 초소를 지나갈 때는 왜
자기 배가 서치라이트 불빛을
받아야 하는지 투덜대면서—

사발통문沙鉢通文
— 바다에 쓰는 시 · 58

말을 할 때마다 입에 넣어놓고 토를
달아 끼워 넣네 썰물 탓이라 우물거리면서
남의 집 문패 보고 아는 체 껄껄 혀 차네
그 집 화장실로 가서 스마트 폰으로
멍텅구리 배 띄우고 있네 느긋한 밧줄 당겨
조금씨에도 걸쩍거리는 방질(投網)을 하네
개 구석 올라온 불가사리만 일부러
모아 놓고 맛있는 폴저리*만 골라 회쳐먹네

깔다구 떼들이 야단치고 있네 남의 탓도
심술궂은 놈 하나 어장 다 망쳐 놓았다고
자기 풍선 배처럼 구시렁대네 이제 겁 없이
막노동 공사현장 품삯 어깨 자랑으로 응대네
누군가를 밧줄로 묶을 듯이 마구 욕설 퍼부어대네
침 뱉고 있네 기차게 각종 모임은 어찌 알았는지
먼저 와서 헛웃음으로 허리띠 늦걸음 주네
엉뚱한 눈짓 선연하게 사실처럼 풀어 헝클어놓네
굿거리 시정잡배 속을 헤엄치면서 꼬투리나 잡네

갯가로 무조건 밀어붙여 오장육부 뒤트는 데는
끝내주네 조개껍질 허옇도록 입술 말리는
되 밀치기 원망 퍼부어대네 포켓에서 꺼낸
육칠포 총 구정 같은 눈빛으로 조금 물 때를
큰사리라 덮씌워대네 갈라먹자 해놓고
독섬 강치는 살짝 다 잡아먹네
배 한 번도 안 타본 기 계통발 어업 법 해설은
줄줄 외우다 야! 야야 하는 바가지웃음 봐라
어판 장 물메기 흥정시간 벌써 끼워들었네
뭇 오사리잡놈들끼리 구식 삼각망 오각망
모두 구식정치그물 아! 아날로그 그물망
치켜들고 치째는 뱃놈들이라고 경매하려 하네
해도 빌어먹을 근성 문전마다 품바타령으로
낭창낭창 그물치기 하는 사발沙鉢쟁이 봐라

*폴저리 : 팔을 경상도 통영지방에는 폴이라는 방언으로 물고기 이름
'팔저리'를 폴저리라고 부르고 있다. 전기가오리종류로 홍어 새끼 같
으나 전혀 다른 가오리인데, '나무쟁이'라고도 일컫고, 호남지방에서
는 간자미라고 일컫는다.

관념들만 갉아먹는 까막눈
— 바다에 쓰는 시 · 59

이상하다 괴상하다 너무도
황금 빛 넘치는 집들 내가 정신착란에
걸릴 정도로 눈부신 태양을
자 벌레들이 갉아먹고 있는 걸까!

속눈썹에 감춰진 검은 콩잎들
불안돈목佛眼豚目* 뿐인가
까막눈의 관념들이 콧구멍 후벼
손바닥 위에 놓고 비비는 창백한 중얼거림이
바짝바짝 속 타는 냄새 일부러 감쳐도

마시는 바쿠스에도 더 갈증만 나서
모두 저 잉걸불에 벗어 던진 포기抛棄,
포기暴棄*들이 불타다 뿐이겠냐 맨발로 동동
굴려 봐도 똥 묻은 발바닥이 웃는 동안에는

빈정거리는 비만들마저 오만을 삭혀본들
비린내 부러워 머리에 가짜 향수나 바르는,
거 봐라 너무도 멀끔히 쳐다보이는 앞에서
아내 신용카드나 긁어먹는 멀쩡한 웃음을

출퇴근에도 일부러 코푸는 체 화장지 찾는
계책 황사 미세먼지 때문만은 아님을
아는 아내는 아직도 젊어서
자 벌레 짓 사랑하고 있어

*佛眼豚目 : 부처의 눈으로 보면 부처 같고, 돼지의 눈으로 보면 돼지
  처럼 보인다는 뜻.
*暴棄 : 절망상태에 빠져 스스로 자신을 내버려두고 돌보지 않음의 뜻.

개장국 집 아이
— 바다에 쓰는 시 · 60

개는 죽을 때 주인을 모른다
다만 꼬리를 흔들며 쳐다본다

시퍼렇게 분노하던 그대로 눈감아
편안하던 하루의 죄 값을 요구하듯
한 몫 챙겨 다른 개장국 집으로 뛰는
주인을 태연해질 때까지 훔쳐본다

생마늘에 걸치는 개 수육을 널름널름
삼키는 이빨 사이로 줄줄 흐르는 땀방울
개새끼 보듬은 어린 아들 놈은 입 벌린 채
찡그리는 어금니는 닮았구나 너무도

저 핑계 상명지통喪明之痛* 안되도록
보시해야 하나니 혀가 시켜도
견선여갈見善如渴*만은 잊어서는 안 되나니

* 喪明之痛 : 여기서는 눈이 멀도록 슬프다는 뜻
* 見善如渴 : 명시보감 선편에 나오는데, 착한 것은 목마른 것같이 하라는 뜻(명시보감 선편 참조).

다발성 간경화증
— 바다에 쓰는 시 · 61

선생님들이여
다발성 간경화증이 진정성과 마주쳤을 때
수탉의 날개 털털 터는 리듬을 경멸하는
간짓대로 훌친다 하여 우울한 열광熱狂은
밀물과 썰물 사이 농담으로 처리되던가요?

바닷가의 아이스크림을 먹을 수 있나요?
그렇다고 절망하도록 휘휘 휘젓는 무능한
헛손질에 처마 끝 거미줄에 걸린 사마귀가
분명히 씹는 유리눈알에 비친 나를
씹고 있다는 막연한 패배감으로 그물망을
팽개칠 수는 없잖아요?

갑자기 흔들어 봐도 박탈되지 않는
광기에 스스로 놀라 지붕 위로 날아오를 때
날아가는 사마귀를 결국 놓쳐버린
안타까움을 더듬는 선생님들이여
소매 끝에 묻은 꽃눈 같은 분필가루가
반역한다고 보여주기만 하는 선생님들이여

수탉 없다고 암탉이 계란을 못 낳는
둥지웃음 그 안에 대미 한 마리 새앙 쥐를
삼키고 있다고 누가 장담 하 것 나요? 그러니까
불 켜면 엑스레이 뒷면에 갈비뼈로 선명한
선생님들이여 간덩이에 기생하는 수탉이 알을
낳았다는 사실 웃어넘길 것은 아니지요
분경奔競에 정신어사呈身御史* 얼마나 많은지 아시지오

* 奔競 : 관직이나 이권을 노리고 大官이나 세도가의 집에 드나드는 엽
  관운동.
* 呈身御史 : 여기서는 '청탁으로 벼슬하다'의 뜻임.

참나무가 타는 연기눈물
— 바다에 쓰는 시 · 62

보는 눈이 있어 안으로만 고통 하는
눈 뜬 당달봉사가 있어 임시방편으로는
때늦어 되돌릴 수 없다는 간청懇請
이미 응답 없는 것에서 눈먼 뒤였네라

산자의 모든 것에 대한 허울 앞세운
엉겁결도 야비한 체면 내세우는 것
봐라 뽑아낸 틀니에 망자의 웃음을
다시 부검하도록 저지른 불륜들
미지생 언지사未知生 焉知死*
어찌 모르다냐?

남남 자식들 탓하기를 사부곡思父曲으로
돌이킬 수 있을까? 꼭 그렇게만 살아야
한다고 입 다문 진범은 미궁에서
자기 유리하도록 망자의 입 막아놓고
안도하는 한숨소리 그러나 기만하는 만큼이나
생쌀이 입안에서 불려난 폭로가 은근히
빗나가도록 고대한 앙큼한 짓거리 더군다나
장작불로 태워 오히려 연기가 수직하면서
흘리는 눈물만 보여주나니

그래서 참을 수 없는 참나무가 타면서
망자의 분노가 이갈며 거품 내뿜는 듯
역류하는 핏방울마저 건넛산 뻐꾸기소리
움찔하나니 결국 그 집 아무개가
한 말은 관 속에 넣는 소리였다고
"그리도 비비屁屁하고 싶을까 ㅉㅉ"

외우고 있는 기막힌 구박 메시지가 평생
살점을 펑펑 뚫어놓았어 그 구멍으로
드나드는 딱 틀니 증언하는 청설모
화염불꽃에는 다행이 끄슬러짐은 없지만
심증적으로 거짓 증언하는 큰 상주의 웃음
아, 그 집 큰 아들놈인기라
이미 피고인이 되었기에 어찌 그대로
남 앞에서는 애비 좋아한다는 눈물 흘리잖아?
전생에 원수로 태어난 자식들은 다 그러는가
(매년 6월 15일 노인학대예방의 날에 부친다)

*未知生 焉知死 : 삶의 도리도 모르는데 어찌 죽음을 안단 말이냐의 뜻.

떠도는 물방울마루도
— 바다에 쓰는 시 · 63

어느 곳이고 고요는
없어 해와 달로 하여
물에서 노는 이상 고요는 깊이 흐르지만
바람은 눈치껏 가만있지 못해
집적거리다 탈내고 있어 서로
살기 위해 순서도 챙기지 않은 채
훼방질 하는 온통 질투기체를 휘휘
휘 뿌려대고 있어 술래하면서
자청하는 무동놀이 그 밥상 밥 수건마저
후딱 날리자 구운 물고기 구름타고
날아올라 공중에서도 헤엄치고 있어

다시 보니 우하! 똥파리들이 젓가락질
흔들고 있어 수다도 떨어대면서 저 발작
보게 나, 동정 깃 다는 여인 한복 맵시 잡고
밥파리 한 놈도 덩달아 손 비비고 있잖아
잘 생긴 여인의 입가에 앉아서 조잘대며
별짓 다하기 위해 따라붙고 싶은 것은
마찬가지를 알리고 있어 벽에 붙어도
주인의 바느질 골무에 앉기 바라고 있어

이벽 저 벽 쪽에서 내지르는 소리가
원을 그리고 있어 또 한 바퀴 돌아와서
벌써 여인의 귓불 건드리고 있어
기다린 손짓을 흉내 내면서 그녀 돋보기
테에 앉다 천장에 붙어 또 앞발 부비고 있어

시시콜콜한 이야기 꺼내 달래다
결국 개안에 떠밀리는 파래 낀 부표에
붙어 엉엉 울어대는 깔따구 떼와 내통
그 자리는 누가 앉았던 멜랑콜리
바람이 해작 치지 않았는데도 옷섶 스친
풀무치마저도 제철 지 성깔 지 짓에
현기증 일으키듯 들춰서 간섭하는 그런 거
떠도는 물방울마루도 연흔漣痕 아닌가

해골세설
— 바다에 쓰는 시 · 64

발신자 없이 넘치는 우편물
반송시키는 자마저 없는 그대로
쌓이는 앵글 밖의 의문표들
어떤 실재계의 반복에서 짓눌리는
호출에서 자꾸 덧문만 열어보는 공포증
에, 몸서리치는 너무나 버거운 가책에서
살아 떠도는 시체라는 인정을 스스로
가슴에 써 내리다 버금이 끼이도록
지우지 못한 넨장! 거기에는
썩어 곰팡내 나는 실루엣 얼룩들

왱 날아와 초저녁에 켜는 등잔불마저 확
끄는 풍뎅이의 우연한 날갯짓과 일치하는
안에서 밖으로 된 정 내는 고통의 그래프를
새벽녘 동굴의 거미줄에 감겨 있어
지나가면서 시커먼 그림자가 웃고 있어
나중에 거기에 분명 어제 저녁 어이없는
일들만 포박된 채 갑자기 펑펑 울어대는
싱크홀 구멍들의 소용돌이 보이는
거기로부터 탈주한들 때는 늦었어

어둠이 가리킨 방향으로 파사주 같은
미스터리 드러내는 관념론에 불과한
상징계가 아닌 것까지 날불한당 - 不汗黨들
야욕의 결핍으로
찌들인 몰골 거울 속 골수까지 탐닉한
허상들 바로 본 그대로 흩어놓고 사는
거적때기마저 불태우고 있어 죽은 자를
부관참시剖棺斬屍 씻김굿 노닥거리질
아토피성증도 미세먼지라니 알 것 같아

부처님 말씀
— 바다에 쓰는 시 · 65

요사이 나는 앉았다가 일어섰다가
또한 동동 발을 굴리고 있어 텅텅 빈 절만
지키라고 나에게 맡겨놓고 깊은 잠에
빠진 어느 큰스님부터 불자들까지
안절부절하는 나를 보고 웃고 있어

그것을 물어볼라 하니 불자 한 분이
부처님은 마음이 편해서 주름살이 없다는 거
먹는 거 입는 거 물론 비에 맞지 않고
걱정도 없어 우리를 속이고 있다는
불만 중에도 빈 절 한 채 지키는 것도
불만이 있느냐고 되묻고 있다고 하니

틀린 말은 아닌 것 같지만 문제는 나다
나를 일체로 보지 않는 남남을 통해서
보려는 질시 그것도 괴로움으로 시달리다
못해 인색하고 분노로 불타다 모처럼
어렵고 무거운 일 맡겨지면 못마땅하게
여기면서 혀 차면서 돈이나 챙기고 감추고–

헌데 모자람은 넘침에서 넘침은 모자람에서
물불 가리지 않은 채 말끝마다 하는 짓짓이
내 얼굴에 똥바가지나 둘러씌우는 불자들이
다수 있어 또 나를 팔아 남는 것에는
생색내는 저 웃음들이 뻔뻔스럽구나

그러면서 고통하고 후회하고 나쁜 짓
안 하지 하면서 병들고 아픈 것 뒤늦게
깨닫는 보살들아! 그래도 그대는 진실한가?
빛은 안에서 밖으로 나온다는 걸 안다는
불자들아! 어디 있는가?
나뭇잎 떨어지는데 나를 만날 수 있는가

절에 와서 불자인 체하지 말라 세상이
그렇게 좋으면 극락에 살고 싶은 마음
보이지 말라 날카로운 두 눈 가져도
외눈박이라도 하나라도 똑똑히 보는, 보이는
볼 줄 아는 마음 단단히 바로 먹어야
불기둥 속에서도 무아無我로 살아남을 수 있네
한결같이 살고 싶은 불자들아! 이렇게
내 앞에 당당하게 그리고 떳떳한 내 보이는가
도대체 염색머리 한 그대는 누군가?

경남대표시인선 · 36

바다에 쓰는 시
차영한 제13시집

1쇄 찍은날   2019년 10월 30일

지은이	차 영 한
펴낸이	오 하 룡

펴낸곳	도서출판 경남
주 소	창원시 마산합포구 몽고정길 2-1
연락처	(055)245-8818/223-4343(f)
이메일	gnbook@empas.com
출판등록	제1985-100001호.(1985. 5. 6.)
편집팀	오태민 심경애 구도희

ⓒ차영한

*잘못된 책은 바꿔 드립니다.
*저자와 협의 인지 생략합니다.
*이 도서의 국립중앙도서관 출판예정도서목록(CIP)은 서지정보유통지원시스템 홈페이지
 (http://seoji.nl.go.kr)와 국가자료종합목록 구축시스템(http://kolis-net.nl.go.kr)에
 서 이용하실 수 있습니다.(CIP제어번호 : CIP2019042045)

ISBN 979-11-89731-31-1-03810

〔값 10,000원〕